現場直伝！
躯体工事の100ポイント

中川 徹 著

学芸出版社

本文イラスト：石田芳子

は じ め に

　昭和40年代、筆者がまだ現場の若手技術者のころ、建設工事現場の配員構成はピラミッド型であり、諸先輩から現地で現物を見て納まりや施工にあたっての心構えなどを適時教えてもらったり、職人さんにも教えてもらったりして覚えたものだが、今の若手現場技術者は、少数配員のもとで多忙な毎日を凌いでいるので、現地で時間をかけて学ぶとか教えてもらうことが難しい環境になっていると思われる。特に入社間もない若手技術者は、時間的にも精神的にもゆとりがなく、技術的なことはともすれば何だかよくわからないままに現場を終えてしまうことが増えてきているのではなかろうか。

　本書は、筆者が長年にわたり従事してきた現場指導の中から、若手現場技術者にもう一歩進んで実践してほしい心構えや、知っておいてほしい基礎知識を、自己流表現ではあるが肩の凝らないよう、できるだけわかりやすく書き留めたものである。そういうこともあり、本書は電車の中でも気軽に手にとって読めるような小型版とし、右ページは左ページの文章を手助けするイラストや写真・図・表を掲載し、文字ばかり読み続ける精神的な負担を少しばかり軽減するよう心がけた。

　題材として躯体工事を選んだのは「躯体の品質は建物の中で生活を営む人々の生命・財産への関わりが極めて大きい」と常日頃考えているからである。ところが、若手技術者は内容が多彩な仕上工事に比べると躯体工事は今一歩関心が薄く、（彼らの日頃の多忙さも影響して）ついつい専門工事業者に任せがちとなり、若いうちに身に付けておいてほしい躯体に関する基礎知識や技術への関心が疎遠になりつつあるのではないかという思いを持っている。

「これだけは知っておいてほしい」の内容は全て筆者の知見にもとづいたものであり、置かれた状況によっては適切でない場合があるのはお許し願いたい。また、既往の施工の参考書のようにあらゆる内容が体系立てて網羅されているわけではないので、調べたいものが出ていないという項目は多々あるだろうし、専門書のように奥深く立ち入っていないところも多いのでご容赦願いたい。これからの現場を担う若手の建築系現場技術者に読んでもらって、躯体工事により一層関心を向けていただければ幸いと思っている。

2012年4月

中川　徹

今の若手現場技術者は、少数配員のもとで、日々検査と書類・打合せに追われ、多忙な毎日を凌いでいるが、その中にあっても自らの研鑽を怠らないように努力してほしい。

目 次

はじめに 3

1 技術者としての心構え 9

- 001 人の失敗まで自分の糧にしよう 10
- 002 現場が教えてくれること 12
- 003 ベテランの生きたノウハウに学ぼう 14
- 004 「段取り八分」を実践しよう 16
- 005 マニュアルに頼りすぎてはいけない 18
- 006 何事も最初が肝心 20
- 007 施工要領書は作業計画の原点 22
- 008 検査記録と写真は何のため？ 24
- 009 自分の歩掛りデータを持とう 26
- 010 コミュニケーション能力をアップしよう 28

2 鉄筋工事 31

- 011 構造図から何を読み取る？ 32
- 012 現場での検収を怠らない 34
- 013 柱配筋のチェックポイント 36
- 014 かぶり厚さが持つ3つの役割 38
- 015 最小かぶり厚さ＋10mm＝設計かぶり厚さ 40
- 016 設計かぶり厚さは目地底から確保しよう 42
- 017 かぶり厚さの不具合がなくならないわけ 44
- 018 かぶり厚さについてまわる「あき」の確保 46
- 019 あき、かぶり厚さが見逃されやすい部位 48
- 020 あきの確保が難しい柱脚部 50
- 021 配筋検査と写真記録 52
- 022 機械式継手の確認事項 54
- 023 設備配管にも目を向けよう 56
- 024 設備屋さんに設備開口まわりの配筋を任せたら… 58

One Point　スペーサーあれこれ　59
025　工場製品でも安心は禁物　60
026　圧接に関する引張試験結果は早めに入手　62
027　定着長さに関する JASS5 改定の要点　64
028　かぶり厚さに関する JASS5 改定の要点　66

3　コンクリート工事　69

029　乾燥収縮ひび割れ防止対策の考え方　70
030　ひび割れ誘発目地とは　72
031　断面欠損率をアップさせる裏技　74
032　バルコニースラブの誘発目地位置決めの留意点　76
033　開口両脇に誘発目地のある場合、斜め補強筋は逆効果　78
One Point　腰壁の誘発目地間隔は腰壁の高さに応じて　79
034　「コンクリートが溶けとるんと違うか？」　80
035　今は昔？集合住宅の「八の字ひび割れ」　82
036　せき板を取り外しても養生が必要なわけ　84
037　降雨はお金のかからない外壁の散水試験だ　86
038　地下外壁からの漏水を防止しよう　88
039　打放しコンクリートは手直しが効かない　90
040　打放しコンクリートは手直しが効く？　92
041　打ち重ねたコンクリートの色が違うのはなぜ？　94
042　レイタンスは脆弱層だ　96
043　仮設開口はあくまで仮設だ　98
044　床開口にまつわる事例　100
045　生コン調合(配合)報告書・計算書を読む　102
046　日頃からスランプに慣れておこう　104
047　テストピースの採り方を間違えないように　106
048　コンクリートの打継ぎの要点　108
049　膨張コンクリートといえども収縮する　110
050　バイブレータの働きを知っておこう　112
051　降雨時のコンクリート打ちは悩ましい　114

- 052　散布塗込み型床コンの泣きどころ　*116*
- 053　土間コンのひび割れを減らそう　*118*
- 054　年々増加している暑中のコンクリート　*120*
- 055　コンクリート強度に関する2009年版JASS5改定の要点　*122*

4　鉄骨工事　*125*

- 056　高力ボルトは大臣認定品とJIS製品の2種類ある　*126*
- 057　マーキングのずれ方をよく観察しよう　*128*
- 058　溶接継手を観察してみよう　*130*
- 059　超音波探傷検査の合否判定の見方を知ろう　*132*
- 060　パス間温度の管理とは？　*134*
- 061　鉄骨骨組みの倒壊防止に細心の注意を　*136*
- 062　建ち直しワイヤが不要な建方治具を活用　*138*
- 063　塗装や溶接をしてはいけないところ　*140*
- 064　溶融亜鉛メッキ鉄骨の基礎知識　*142*
- 065　焼抜き栓とスタッド溶接のポイント　*144*
- One Point　アークストライクの禁止　*146*

5　型枠工事　*147*

- 066　打放しコンクリートでの留意点　*148*
- 067　ビーム式工法・デッキプレート工法の倒壊に注意　*150*
- 068　トラス筋付デッキ型枠：力の伝達メカニズム　*152*
- 069　急施工向けコンクリート打込み型枠　*154*
- 070　明かりがとれる型枠は省エネにも貢献　*156*
- 071　「あばたもえくぼ」にはならない？　*157*
- 072　構造スリットを歪ませない　*158*
- 073　コンクリート打継ぎ型枠の留意点　*160*
- 074　スラブ下支保工はFc未満でも取り外しできる　*162*
- 075　敷き桟・敷きベニアからノロを漏らさない工夫　*164*
- One Point　コンクリート表面に現れる色もいろいろ　*166*

6 土工事・杭工事 167

- 076 地盤調査報告書で注目してほしいこと *168*
- 077 造成地盤の中味は不均質? *169*
- 078 土中埋設配管はメンテ不能 *172*
- 079 知っておきたいシロアリの基礎知識 *174*
- 080 埋戻しは(増打ち)地中梁天端まで *176*
- 081 既製杭が入場したらよく観察しよう *178*
- 082 電流計指示値からわかること *180*
- 083 既製杭:高止まりがあれば低止まりもある *182*
- 084 スライム処理の重要性 *184*
- 085 杭頭で気をつけること *186*

7 PCa工事・PC工事 189

- 086 プレキャストコンクリート(PCa)いろいろ *190*
- 087 PC工場調査で見るべきこと *192*
- 088 PCaカーテンウォール取付けの要点 *194*
- 089 タイル打込みPCa板の留意事項 *195*
- 090 プレストレストコンクリート(PC)とは *196*
- 091 プレストレス工事に着手するまでにやるべきこと *198*
- 092 配線工事の要点とグラウト注入 *200*
- 093 緊張管理の進め方① *202*
- 094 緊張管理の進め方② *204*

8 耐震補強工事 205

- 095 図面どおりにいくとは限らない *206*
- 096 耐震診断・耐震補強とは? *208*
- 097 あと施工アンカーの各ステップでの要点 *210*
- 098 あと施工アンカーの現場非破壊試験 *212*
- 099 型枠・コンクリート工事の要点 *214*
- 100 グラウト工事の要点 *216*

1 技術者としての心構え

若手技術者にとっては、現場で見ること聞くことすべて目新しいことが多い。今大切なことは、基礎知識を吸収して、それを実践で活かしていくことである。技術とは「理論を実際に応用する技」のことである。座学のみでは身につかない。実際に現場で活用して初めて自分の力になる。現場という「場数」を踏みながら一人前の技術者になるにはしっかりとした心構えも必要である。ここでは、その中で筆者が最も基本的かつ重要と考えているものを10テーマ取り上げた。

001 人の失敗まで自分の糧にしよう

　「経験は失敗の積み重ね」とは言うが、とかく人はいろいろな失敗をする。「失敗もいろいろ」であって、笑って済ませられる程度のものから、工事中の手戻り・手直し、竣工後の瑕疵クレーム等、修復に大なり小なりお金と時間のかかるものまである。これらは程度問題だが、ほとんどの場合、なんとか修正は可能だ。

　ところが、さらに度を過ぎると大変なことになる。特に躯体に関わるミスの代償は計りしれないほど大きい。建物内で生活している人の生命や、構造物の安全性に大きく関わるような（品質）トラブルを起こしてしまうと、建設に関わった当事者の精神的・肉体的苦労は勿論のこと、その修復に多額の費用と時間及び多くの関係者の支援を要するだけでなく、関連するお得意先や社会の信頼まで損ねることになる。一度でもこの種のトラブルを起こすと、その修復にはそれこそ「涙ぐましい努力」を要するのである。

　そこで、トラブルを引き起こした関係者はその痛みが身に沁みていて、同じような失敗は2度と起こさないと心に誓うと思うが、残念なことに「自分が直接関わっていないと、人の痛みや辛さが十分に共有できない」のが人間の性ではなかろうか。その結果、同じような失敗（事故）が、いつかどこかで再発するのである。

　若手、中堅技術者の皆さんにまず知っておいてほしいことは、これまでに新聞や雑誌などで公開された品質事故例から日頃自分の身のまわりに生じている失敗事例に至るまで「他人事と思わず、自分なりに事例を共有し、自分の失敗は勿論のこと、人の失敗まで自分の糧にできる」技術者になってもらいたいということだ。

「経験は失敗の積み重ね」とは言うものの、軽いうちはまだましだが…

「度を過ぎた失敗」は、その修復に涙ぐましい努力を要する

NOTE

品質確保、不具合の再発防止の一つのやり方として、それぞれの会社ではこれまでの不具合事例をよく分析して事例の水平展開を図ったり、社内マニュアルを改訂するなどの改善活動が続けられているので、よく学習してもらいたい。

002　現場が教えてくれること

　何年か前、現場を巡回指導している時に、若手・中堅技術者を対象に、右に掲げるような「現場マンとして必要な心構え」に関わるいくつかの設問にどちらかといえば「はい」か「いいえ」かで答えてもらう筆者独自のヒアリングを試みたことがある。特徴的だったのは「上職者から指示されたことは忘れない」と答えた人が予想外に少なかったことだ。確かに自分の担当する仕事の忙しさに紛れて上職者から指示されたことをついつい忘れてしまうことは理解できるが、大事なことは「いつまでに」を互いに確認することだ。

　若手技術者に多かったのは、①「計算書の中味をよく理解しないまま現場に出る」、②「図面をよく理解できないまま現場に出る」の２点であった。経験上止むを得ないところもあるが、現場で計画したこと（例えば型枠支保工のピッチや積載荷重の設定など計算上で設定したこと）と異なる危険なことが行われていても見過ごしてしまう恐れがある。自分の担当業務の中で計算が関わっているところは巡回のポイントとして知っておくべきで、現場を見ていて何のアクションも取れないのは悔しい。ある雑誌に「…監督さんは現場を見ているより、コンピューターを見ていることの方が多くなってしまいましたが…現場がすべてを教えてくれるということを伝えていきたい」という言葉が掲載されていた。※私自身もある協会主催の鉄筋工事業者の皆さんとの懇談会に出席した時、「今の若い現場監督さんは朝一回りしたらさっさと事務所に入り込んでしまう」という発言があった。「CAD上では納まるはずだと事務所で言われるけど、現場を見たら一目瞭然ですよ」等の話も聞いた。「現場が教えてくれること」もたくさん体得してほしい。（※『防水ジャーナル』2006年1月号）

職人におはようの声かけをしている	はい・いいえ
指示されたことの確認・報告をしている	はい・いいえ
指示されたことは忘れない	はい・いいえ
言われないとやらない傾向がある	はい・いいえ
目的意識を持って現場に出ている	はい・いいえ
指示をする時は説明付きで行う	はい・いいえ
不明なときは基準類を参照する癖を付けている	はい・いいえ
計算書を理解して現場へ出ている	はい・いいえ
図面を理解して現場へ出ている	はい・いいえ
縦・横のコミュニケーションがとれている	はい・いいえ

現場マンとして必要な心構えについて問題点はないか筆者独自にヒアリングした際に使用したシート（対象者：61名）

デスクワークが増えて現場を見なくなった結果、現場を見て学ぶ機会も少なくなった？

003　ベテランの生きたノウハウに学ぼう

　「ベテランと新人の違いは？」と問われると、誰もがすぐ思いつくのは「経験の差」だと思う。確かにベテランは過去いろいろな工事を何度も経験している。したがって、新たな計画をしたり、途中に問題が発生したとしても、過去にこうやって解決したという直接、あるいは類似の経験から得られた「先読み能力」と「問題解決能力」でもってほぼ問題なく事を進めていく。現場管理技術者にとってこの先読み能力と問題解決能力は大切な力量である。

　経験から得られた知見はいわゆる「ノウハウ」とも言うべきもので、技術的なことから「処世術」に至るまで、社内マニュアルでは書ききれないほどきめ細かなものが多くある。

　今、処世術という言葉を使ったが、もう一つ、ベテランと新人の違いを挙げれば、コミュニケーション能力がある。多くのベテランは職人さんに信頼されている。職人さんに気持ちよく仕事をしてもらうよう心がけているからだ。職人さんに前もって要望を聞きながら、職人さんが何をしてほしいのか常に先を読み、職人さんにやってほしいことの要点をタイミングよく伝えたりしている。一言で言えば、ベテランは職人さんとの「現場内コミュニケーション」が上手いし、後述する「段取り」も上手いのである。「先輩の背中を見て育つ」という言い伝えがあるが、身近なところにベテランと呼ばれる人がいるなら、彼らがどのように話し、どのように効率よく動いているか、じっくりとベテランの行動を観察してみよう。そして若手技術者はベテランに何でも相談し、彼らの生きたノウハウを学んでもらいたい。「聞くは一時の恥、聞かぬは一生の恥」の心構えを実践してほしい。

新人は先読みができなくて怒られてばかり？

ベテランは先読みとコミュニケーションが上手

1 技術者としての心構え

004 「段取り八分」を実践しよう

　昔から「段取り八分」という名言がある。この意味は、ある工事をこれからしようとする場合、①作業員（Man）、②仮設電気などの設備、機械・機器類（Machine）、③建設資材（Material）は揃ったか、④どのような手順で行うのか、施工要領（Method）は決まっているか（これらを工程の4Mと言う）、加えて、⑤前工程までのやり残し作業がなく当日スムーズに仕事にかかれるか（以上を「現場の5M」と呼ぶことにする）等「事前の準備ができていれば、これから行う作業の80％（＝ほとんど）は上手く行ったも同然」、即ち「始め良ければ終わり良し」ということである。

　ベテランの職人さんは、新しく着任する現場に一歩踏み込んだ瞬間、あるいは現場事務所に入った瞬間、その現場の段取りの良し悪しがわかるということを聞いたことがある。現場の4Mを整備すること（＝段取り）は、品質、工程、モチベーション（やる気、緊張感）に大きく影響するので、現場マンの最も腐心すべき仕事の一つである。ベテランと呼ばれる現場技術者はこれらを体得しているが、若手現場技術者はまだまだ先読み不足、及び職人さんとのコミュニケーション能力も不十分なので、上述した「4M＋前工程の完了」のうち何かが後追いとなることが多い。

　さて、前工程から引き継いだ今の工程を、次のさらにその次の工程に送り出さなければいけない。そのためには、今の工程で達成すべき品質確保の方法、検査のやり方等守ってもらいたい工程の「あるべき姿」を専門工事業者さんによく説明し、職人さんからも意見やノウハウを最大限に引き出すこと。相手も必ず乗ってくれる。「段取り八分」を念頭に、いろんなことを話し合ってほしい。

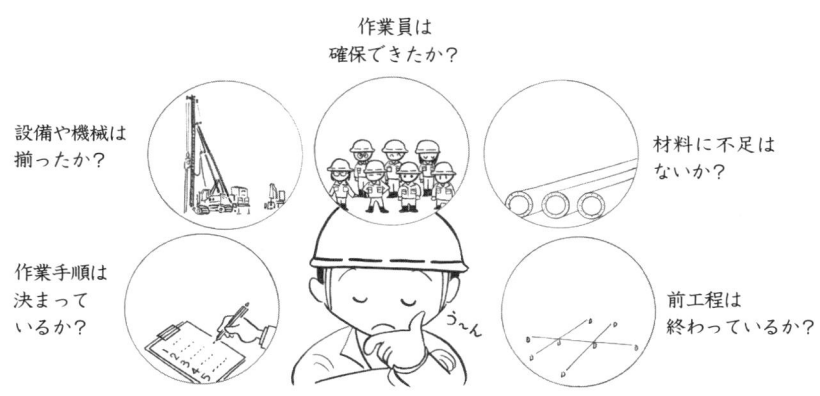

「段取り八分」＝初め良ければ終わり良し

工事を上手く進めるには、考えていることを互いによく話し合うことに尽きる

005　マニュアルに頼りすぎてはいけない

　「マニュアル（技術標準・要領）」とは、業務の合理化・効率化を目指す目的で、作業のやりかた、達成すべき基準や目標を標準化したツールである。マニュアルの良いところは、このやりようでやればあれこれと考えなくてもこれまでの不具合を繰り返さずに、しかも能率よく仕事ができるところにある。したがって、多忙な日々を暮らす技術者にとっては便利なもの、また、企業にとっては業務の平準化が図られ、所定の成果を生み出すことができる有効なツールと言える。ここで知っておいてほしいことは、マニュアルに頼りすぎてはいけないということだ。その理由は、

①こうやったら失敗しない、こうやったら上手くいくという「結論」しか書いていない。どういう背景があるからそうするのか、マニュアルどおりやらないと、どこにどのような影響が出るのかの説明までは読み取れないことが多い。そこで、「マニュアルにこう書いてあるから」と、あまりにも固執しすぎると、その背景にある本質的な考え方や見方がどこかに行ってしまい、時代の変化に背を向け、柔軟な発想や新しい技術を生み出す可能性まで閉ざしてしまい、マニュアルがないと問題解決できない人材になってしまうかもしれない。

②マニュアルはオールラウンドではない。どんな場面でも適用できるものではない。適用条件、適用範囲に目を向けること。

　マニュアルはいつも絶対ではない。昨今、多様な材料・技術・工法が世の中に次々と出てきており、その変化も激しい。現状に合うのか、もっと良いものはないのか時には疑ってほしい。

　要するにマニュアルを盲目的に実行する技術者（＝マニュアル人間と言う）は真の技術者にはなれない。

マニュアルの目指すものは…

マニュアルの弊害

NOTE

マニュアルは便利なものだが、何にでも適用できるとは限らないし、いつも正しいとも限らない。時には、なぜそうなっているのか、技術的な背景や適用範囲に気を配ることで理解が深まり、初めて自分の身に付く。また、疑問のあるマニュアルについては積極的に改善を提案していく姿勢が大切。

006　何事も最初が肝心

　「何事も最初が肝心」だ。**004**で述べた「段取り八分」と関連することであるが、例えば鉄筋工事について「現場の5M」が上手く運んで工事がスタートしたとしよう。これら前工程（段取り）がきちんと行われていても、それがいざ当該作業の段階に入って何もかも事前の打ち合わせどおり事が運ぶとは限らない。例えば、職長と打ち合わせたことがすべて周知され、実行されるとは限らない。時には鋼種や寸法の間違った材料が当日入ってくることもあるし、うっかりミスをすることもある。急な設計変更なども出てくる…等計画段階では想定していなかった「不測の事態」がいくらも出てくる。

　この不測の事態にいかに早く手を打つかがその後の品質・工程を左右するので、以下の3つ（作業のかかり・節目・計画変更）の時点では最初が肝心だということを知っておいてほしい。

①毎朝の「作業のかかり（特に初日）」は打ち合わせどおり事が運んでいるか、上手く進めそうか判断すること。

②作業の節目（例えば、柱筋の鋼種、径、本数が変わる、柱筋から梁筋組み立てへ等作業の内容が変わる）での要注意項目は予め施工図やチェックシートなどに何らかの「赤マーク」を書き込んで節目の時点でのうっかりミスを防ぐ。

③設計変更などの「計画変更」は変更となっていることを施工図や要領書で明らかにしておくとその時点に至ったときの諸々のミスが防げる。

　「高層ビルや集合住宅のような各階繰り返し型の作業は一つ間違えたら何十倍ものミスとなって返ってくる」ので、この3つに留意してほしい。

NOTE

作業のかかり、作業の節目、計画変更があった場合の確認は最初が肝心だ。相手は分かっているようで分かっていないことが多い。最初の確認を怠ると、ミスがあった場合に何倍もの手直しが必要になる。

007　施工要領書は作業計画の原点

　品質管理活動を実践するための基本として「PDCAの輪を回す」という名言をデミング賞受審プロセスの中で教わったことがある。ここでPとはPLAN（計画）、DとはDO（実施）、CとはCHECK（チェック）、AとはACTION（アクション）を意味する。これは何事もまず計画を立て(P)、周知し、計画通り実施し(D)、計画通りできているかをチェックし(C)、できていなければ原因を調べ必要な処置をする(A)ということを繰り返し行う（＝PDCAの輪を回す＝管理する）ことによって目標を達成するという意図がある。この活動は現場に限った話ではなく、「人生何事もPDCAが大切である」ことは間違いないが、知っておいてほしいことは「何のために（＝何を達成したいから）計画するのかの目標」をはっきりさせること。即ち「計画はあくまで目標達成のための手段」だからである。

　現場の計画の原点は、工事着工にあたって、この現場をどのようにしたいのかやQCDS（製品評価指標）についての目標や方針を盛り込んだ「現場運営計画」である。作業計画の原点は杭、型枠、鉄筋、鉄骨など各工事ごとに作成した「施工要領書」である。そこには当然達成すべき目標（規準）があり、予算内で、また工期内に能率よく作り込むための4Mについての手段（作業要領）がある。

　現場技術者は「ものづくり」に直接携わっているわけではない。直接作るのは職人さんである。現場技術者の役割は職人さんがものづくり(D)した結果が施工要領に記載された達成すべき品質(P)を満足しているのかを計測、判断(C)し、問題点が見つかればよく話し合って解決すること(A)。結果が合格ならば引き続き決められた要領書を維持するだけである。

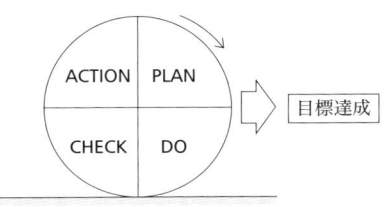

NOTE
管理とは「PDCAの輪を回す」こと。まず計画を立て、それに従い実行し、その結果が計画通りかを把握し、必要に応じて処置をする。この繰り返しの活動を通じて目標を達成する活動である。現場管理では、周到な計画と、計画通りの結果が出ているのかの把握・検討と、それに基づく処置が大切である。

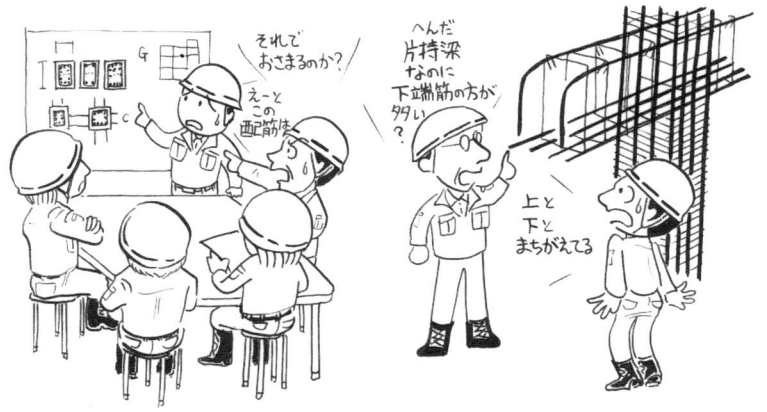

NOTE
協力業者の知恵を集めた施工要領書を忠実に実現させることが大切だ。せっかくの施工要領書を書棚に並べたままで、ほとんど活用していないということがないように、現場で現物をチェックしてほしい。

008　検査記録と写真は何のため？

　工事中、現場ではいろいろな検査をする。検査は大切な管理行為（Check）の1つであるが、その目的は2つあることを知っておいてほしい。

① 「誤りを発見する」こと。いかにプロといえども、人間である限り大なり小なりの誤りはどこかで必ずある。そこで、誤りがないかどうかを検査によって確認し、誤りがあれば処置後再検査して次の工程に進む。

② 検査に合格したら「合格したという記録（証拠）を残す」こと。工事が無事竣工しても建物使用中、ひび割れ、漏水、結露など何らかの不具合が起きると、その当時どういう管理をしていたのか、その証拠（記録）はあるのかなど当時の管理状況を確認するための記録類が必要になるが、この記録がきちんと揃っていれば、当時の作りこみのプロセスに問題はなかったかどうかが客観的に確認できる。

　検査をタイムリーに行うには「何をどの時点で」検査するかという「検査の計画」をあらかじめ立てること。そして、そのスケジュールを全体工程表、あるいは週間工程表に記入しておいて、その時が来たら時期を逸することなく検査すること。当然のことながら、検査の合格記録は当時の設計仕様、基準を守って作り込まれたという証拠として残るので、それらが説明できる内容となっていなければいけない。

　写真記録は検査記録の正当性を証明する証拠として撮影するものだという心構えをもって撮影すること。「写真を撮ったら意図したところがきちんと撮れているかどうか、時期を逸することのないように確認する」ということを知っておいてほしい。

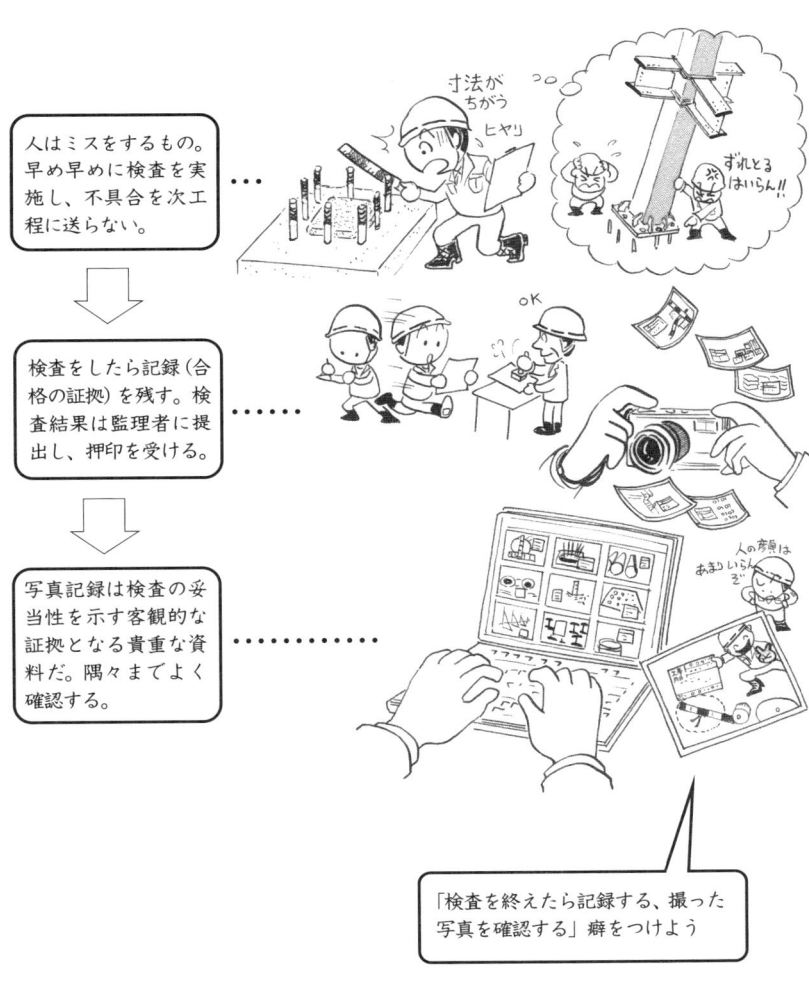

人はミスをするもの。早め早めに検査を実施し、不具合を次工程に送らない。

検査をしたら記録（合格の証拠）を残す。検査結果は監理者に提出し、押印を受ける。

写真記録は検査の妥当性を示す客観的な証拠となる貴重な資料だ。隅々までよく確認する。

「検査を終えたら記録する、撮った写真を確認する」癖をつけよう

009　自分の歩掛りデータを持とう

　「歩掛り」とは生産性を測る「ものさし」であり、分子にはトン、m²、ピースなど、分母には人・人日や人・時間等（これを工数と言う）を入れ、一人1日○トン、m²、ピースなどと表現する。即ち、

歩掛り＝施工数量／作業にかかる労務量（工数）（図1）

　歩掛りは仕事のやり方と手順、設定工期によって変わってくる。専門工事業者との間で取り交わされる値段折衝においては歩掛りが欠かせない。「コスト＝材料費＋労務費＋運搬費＋経費」で表されるが、躯体工事はこのうち労務費の占める割合が高く「労務歩掛りをいかに施工法と段取りによって向上させるか」が重要である。

　当たり前の話だが、歩掛りに強い現場所長は当然段取りも上手い。彼らは私が現場に出向くと「この設計内容で、このくらいの規模なら、この工事は何人の職人で何日間でできる。だからコストはm²あたりいくらでできる。ただし、施工法は○○、クレーンは△△、仮設足場は□□」などとスラスラ話をするのには感心させられる。とにかく相当量の歩掛りデータを頭の中に持ち、それを駆使できるので専門工事業者との工事の進め方や価格交渉が上手い。歩掛りとはそれほど重要な生産指標だということを知っておいてほしい。というわけで、まずは、図2に示す手順で歩掛りのトレーニングを始めてみよう。

①鉄筋や型枠、鉄骨工事ごとの「施工数量」を把握する。区分はあるフロアの地下・地上階、柱と壁・梁・スラブ等とする。
②計算した数量に対し何人で何日施工したかデータを取り「実績工数」を把握する。
③実績歩掛りを把握する。

```
○歩掛りは、「生産性」を測る「ものさし」

   施工数量(資材数量)
  ─────────────── ＝ 歩掛り
   作業にかかる労務量(工数)

○歩掛りは、原価や工程の計画時に、工事にかかる
  労務量(工数)を見積もるために必要な生産指標

   施工数量(資材数量)
  ─────────────── ＝ 作業にかかる労務量(工数)
        歩掛り
```

△△m/人日
▽▽m²/人日
◇◇t/人日
○○ピース/人日
□□ヶ所/人日 etc.

図1　歩掛りとは

①「施工数量」を把握する

⬇

②「実績工数」を把握する

⬇

③「実績歩掛り」を把握する

施工数量の把握の方法
・見積時点で作成した数量調書を参考にする。型枠、鉄筋、コンクリート工事では地下、地上階別、部位別に集計する。
・型枠、コンクリート工事ではコンクリート施工図から拾い出せる。
・鉄筋工事では専門工事業者からの拾い(部位別、階別)も参考になる。

─────────── ＝ 実績歩掛り
実績工数　○○人日

図2　歩掛り把握のプロセス

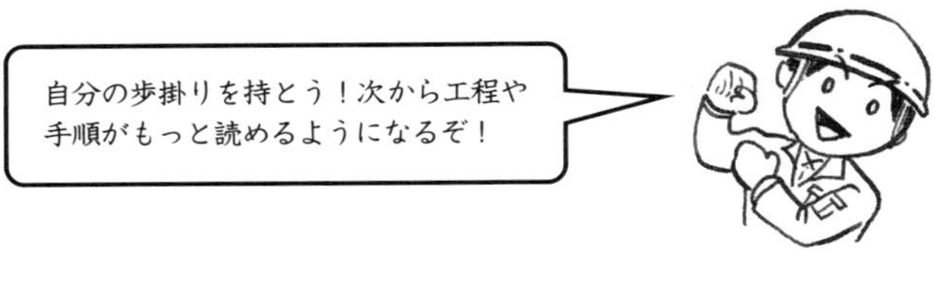

自分の歩掛りを持とう！次から工程や手順がもっと読めるようになるぞ！

010 コミュニケーション能力をアップしよう

　施工の世界は昔から「経験工学」と言われているように「現場経験という場数」を踏み、右図に示すような必要な力量を身につけながら一人前になっていくので、そのプロセスを説明したい。

　まず、入社2～3年までに「基礎知識」を修得、それを現場で実践して初めて身につく「基礎技術力」を得る。次に、基礎技術力の上に立った「応用力、計画力」を修得する。これらの力量が身につくと、専門工事業者に対して「説得力や折衝力」も身に付いてくる。その後、現場内は勿論、内勤スタッフや設計事務所という社外の組織まで仕事の範囲が広がってくる。こうした経験年数を積み重ねて、部下を教育する「指導力」や全体をまとめる「統率力」を身につけていく。ここまでの必要年数は、おかれた環境や人の資質、会社の育成方針などにもよるが一般には8～10年程度要すると思われる。

　この現場に必要な力量のうち、基礎技術力・応用力・計画力はものづくりが相手の技術力、即ち「ハードなスキル」であるのに対し、説得力や折衝力・指導力・統率力などは人が相手の「ソフトなスキル」、言い換えれば「コミュニケーションスキル」である。コミュニケーションとは「人間の間に行われる知覚、感情、思考の伝達」と解されるが、単に情報のやりとりだけではなく、感情のやりとりも同時に行われるので「互いに分かち合うこと」が前提となる。上職者の立場になればなるほど、人や組織を動かしたり、チームにやる気を持たせたり、進むべき方向をまとめたりするためのコミュニケーションスキルは欠かせないが、相手の気持ちを察する洞察力と、自分の気持ちを相手に分かりやすく説明して賛同してもらう説得力が不十分であると、コミュニケーションは上手く成り立たず、人や組織は思うように動かない。

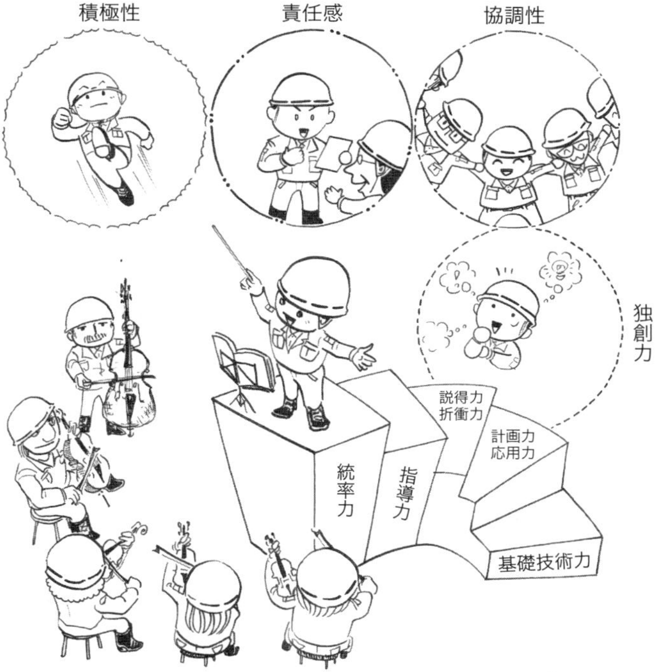

施工は経験工学と言われている。施工に必要な力量は一度に身につくわけではなく、丁度階段を上るように、一歩一歩足元からの積み重ねでプロに到達するものだ。

「ノミュニケーション」は、ざっくばらんに話し合うことができ、気心の分かち合えるコミュニケーションの良い機会だ。だが飲みすぎは逆効果になることがあるので要注意。

第 1 章　参考文献
・『防水ジャーナル』2006 年 1 月号

2

鉄筋工事

鉄筋工事は、新入社員をはじめとする若手社員が入社間もなく担当させられる工事である。そこで、初めて躯体工事の納まりの第一歩を学ぶことができる。また、ここで職人さんと色々話をしながら、現場管理とはどういうものかを感じることもできる。

011　構造図から何を読み取る？

　鉄筋担当となった時、まずやるべきことは「柱、梁、壁の配筋が構造図どおり実際に納まるのかどうか、納まりの厳しいところはないか、これまでの経験から見て変わったところはないか」をしっかり読み取ることだ。時にはどうにも納まらず躯体寸法や配筋の変更を余儀なくされ、一時的に仕事がストップすることがありうるからである。知っておいてほしい確認すべき項目は以下の通り。

①構造図の柱・梁断面リストから確認すべきこと
・主筋の鋼種、径、本数が階の途中で変わっているところはないか
・主筋のあき寸法を1.5dとすると、かぶり厚さが確保できるのか

②標準配筋図、部分詳細図から確認すべきこと
・鋼材の種類、コンクリート強度によって継手の長さ、定着長さが変わる：発注予定の鉄筋寸法に関係
・壁筋の端末のフックの要否、ダブル配筋は縦横―横縦か、その逆か
・開口補強筋がダブル配筋の場合、あきやかぶり厚さに無理がないか
・同上梁主筋と柱主筋が交錯するところでの主筋のあき、かぶり寸法
・特別な平面形をしている場合スラブの主筋方向はどちらか

③その他特記から確認すべきこと
・鉄筋継手は機械継手か圧接か
・梁貫通補強筋は既製品使用か

　以上を確認後、あき、かぶり厚さに関して問題のありそうなところを見つけるために取り合い部の納まり※を描いてみること。

※柱筋と梁筋の相互関係、SRC造の場合鉄骨と鉄筋の位置関係、アンカーボルトと杭筋と基礎・地中梁の位置関係など。

○担当者が最初にやるべきことは多い。まず何から手をつけるかを相談して決める

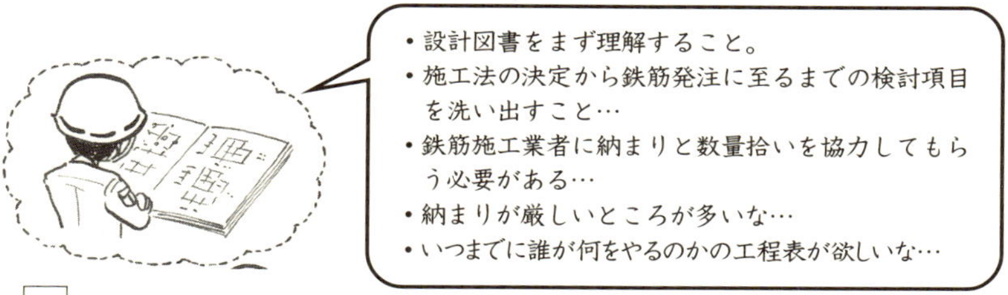

- 設計図書をまず理解すること。
- 施工法の決定から鉄筋発注に至るまでの検討項目を洗い出すこと…
- 鉄筋施工業者に納まりと数量拾いを協力してもらう必要がある…
- 納まりが厳しいところが多いな…
- いつまでに誰が何をやるのかの工程表が欲しいな…

○設計図書からこの工事のポイントを把握する

「あきは鉄筋径の1.5倍」「外壁かぶり厚さ40＋10mm」の確保…

○納まり図を描いて問題点を把握する

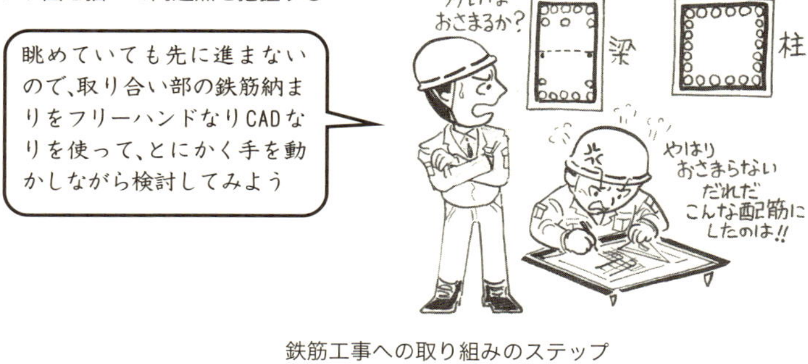

眺めていても先に進まないので、取り合い部の鉄筋納まりをフリーハンドなりCADなりを使って、とにかく手を動かしながら検討してみよう

鉄筋工事への取り組みのステップ

012　現場での検収を怠らない

　構造図や特記事項から鋼材の種別（強度）や径を読み取り、使用する鉄筋材料の長さを算出して材料の見積書（元積書）が作成されている。鉄筋材料のメーカーへの発注は元積書を基に行なうが、実際に発注する時期になると鉄筋工事を請負う業者の番頭さんや職長が加工寸法と本数を算出した調書とも照合して発注が行なわれる。

　納期が来ると、メーカーから工事現場に鉄筋材料が届くが、鉄筋工事業者の加工場に直接運び込まれることも多い。この場合、加工場では現物とメーカーから送られてきたミルシート、鋼番とを照合し、受入れを終わるが、受入れに立ち会っていない工事現場の係員は加工場から工事現場に搬入された鉄筋材料の現物やロールマークを見て、設計図書に規定された径・強度を持つ鋼材であるどうかを照合・確認しなければならない(図1・2参照。一度は加工場に出向いて材料別にわかりやすく識別され保管されているかを見に行ってほしい)。

　この照合・確認という検収作業を怠らないということを知っておいてほしい。と言うのは、何らかのうっかりミスにより例えばSD390でなければいけないところをSD345が間違えて入ってきているのに気がつかず、現場で組み立てられれば、でき上がった建物が強度不足となるからである。ましてや、コンクリートを打ってしまった後で分かったとなると、最悪打ち込んだコンクリートを解体してやり直しとなり、泣くに泣けない事態となる。検収という作業は何も鉄筋だけに限った話ではないが、万が一にも間違えた時の大きな代償を考えると非常に大切な管理行為であることを肝に銘じておこう。しかも、この種の不具合は痛みを忘れたころにやってくるので気が抜けない。

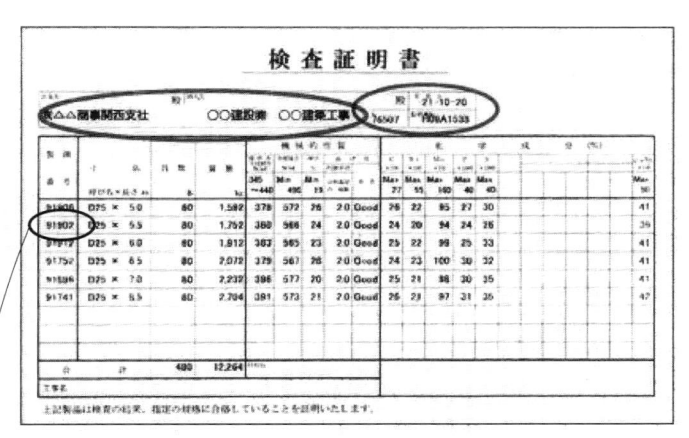

図1 ミルシートの例
(出典:大阪建設業協会『若手技術者のための 知っておくべき鉄筋工事』2010年、p.23)

鋼番が対応している

現場名が合っているか? 径・鋼種は合っているか? ミルシートの製鋼番号とタグの鋼番は合致しているか? 送り状番号と納品書が合致しているか?

タグを回収し、ミルシートと照合した後、タグのコピーを保管する。

図2 メタルタグの例(出典:大阪建設業協会『若手技術者のための 知っておくべき鉄筋工事』2010年、p.23)

2 鉄筋工事　35

013　柱配筋のチェックポイント

　「何事も最初が肝心」という話を **006** で述べた。筆者がまだ現場の若手係員のころ、基礎・地中梁の配筋を見ればその業者のおおよその力は分かると言われたことがあった。また、監理者は最初の配筋をみて、この現場は安心できる現場かそうでない現場かを判断することがあるとも聞いた。これは今でも当てはまるのではと思う。筆者は柱廻りの配筋を見て配筋の丁寧さの程度を判断していた。柱は建物を支える重要な部位だ。柱に問題があると、地震時に建物の損壊につながる。ここが丁寧にできていると安心できる。そのチェックポイントを知っておいてほしい（図1の①〜⑥）。

①柱筋が構造図どおりの正しい位置にある。例えば、隅部の柱筋は幅寄せ筋もあれば、均等割りもある（図2）。

②柱筋がフープ筋の角部にきちんと納まり、かつ結束されている。例えば、フープ筋が高強度鋼の場合、四隅でのアールがその分大きくなるため、柱筋の位置が正規の隅部からずれてかぶり厚さに影響する。

③フープ筋にかけられたドーナツスペーサーが外部用、内部用に色別に使用され一目で確認できる（径の異なるスペーサーが同色の場合、一目で判別しにくいのでうっかり間違えていても気付きにくい）。

④梁筋の柱への定着が柱芯を超え、かつ定着長さが正しい。

⑤梁と柱の境界に第1スタラップがある。

⑥結束が全体に丁寧である。

　柱筋の径、強度、本数が図面どおりであることを検査することは言うまでもない。検査が終われば、検査シートに記入して、型枠で蓋をする前に写真を撮り、記録として残すことも忘れてはならない。

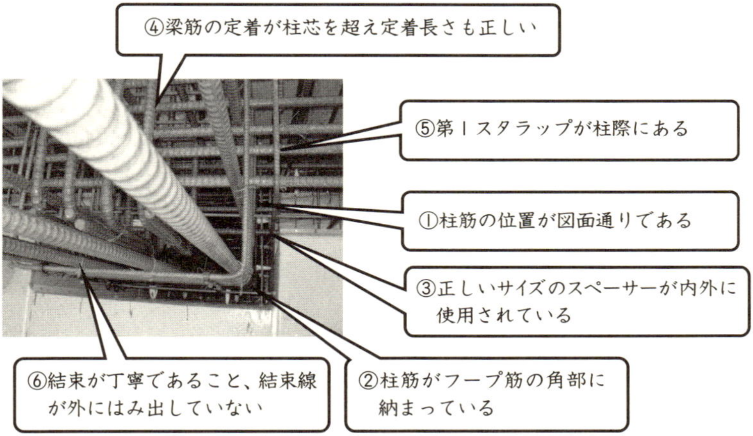

④梁筋の定着が柱芯を超え定着長さも正しい

⑤第1スタラップが柱際にある

①柱筋の位置が図面通りである

③正しいサイズのスペーサーが内外に使用されている

⑥結束が丁寧であること、結束線が外にはみ出していない

②柱筋がフープ筋の角部に納まっている

図1　柱まわりの正しい配筋例

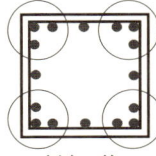

幅寄せ筋　　　均等割り

図2　コーナー筋であるのに均等割りしていると有効せいが小さくなるので、柱リストで柱筋の位置をよく見ること

図3　スペーサー一覧表を現地に張り出して「見える化」した例

014 かぶり厚さが持つ3つの役割

　「かぶり厚さ」とは、最も外側にある鉄筋とこれを覆うコンクリート表面までの所定のあきのことである。かぶり厚さが持つ役割は「耐久性」（鉄筋腐食防止）だけではなく、他に「構造安全性」の確保と鉄筋を火災から守る「耐火性」の3つの役割があることを知っておいてほしい。

①**耐久性**：硬化後のコンクリート内部は水酸化カルシウムのおかげで、アルカリ状態（PH12〜13）に保たれ、鉄筋の表面を錆から守る。ところが、コンクリートには大小の空隙があり、そこから大気中の酸素や炭酸ガスや水が侵入する。この炭酸ガスがコンクリート中の水酸化カルシウムと反応すると、炭酸カルシウムを生成し、PHを下げる。これが「中性化」である。コンクリートの中性化域が鉄筋位置まで進むと、鉄筋は酸素と水分の供給を受けて腐食が起こり、これが進行すると、鉄筋は腐食生成物により体積が膨張し、表面のコンクリートを押し出す（図1、2）。

②**構造安全性**：鉄筋とコンクリートが一体となって応力を伝達するには付着力が大切だ。付着力には鉄筋径の1.5倍以上のかぶり厚さ（割裂防止）、及び鉄筋どうしのあきが必要とされている（図3）。あきやかぶり厚さの不足は付着力の低下ばかりでなくコンクリートの不充填を招き、構造安全性のみならず耐久性にも影響する。

③**耐火性**：火災が発生すると、表面のコンクリートの性状が劣化するだけでなく、内部の鉄筋の温度が上昇して強度や降伏点が低下する。コンクリートを再使用できる安全限界温度は鉄筋強度の2/3を確保できる500℃と考えられている（図4）ことから、耐火時間とかぶり厚さが決められている。

図1 かぶり厚さ不足で鉄筋の腐食の被害を受けている外壁の例　もう少し時間が経つと露筋の形で現れてくることもある。（日本建築学会『鉄筋コンクリート造のひび割れ対策（設計・施工）指針・同解説』2002年第3版、p.112）

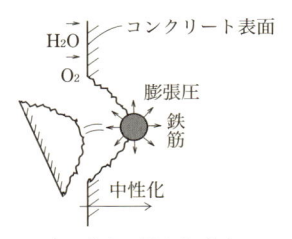

水と酸素の侵入を受けて鉄筋が錆び、その膨張圧でコンクリートが剥落する

図2 鉄筋腐食の膨張圧によるひび割れ

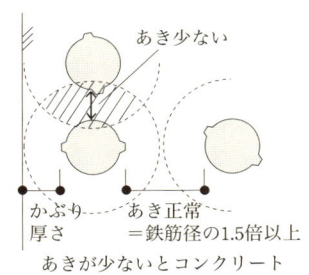

あき正常
＝鉄筋径の1.5倍以上

あきが少ないとコンクリートとの付着力が低下する

図3 鉄筋相互のあきは応力伝達に必要

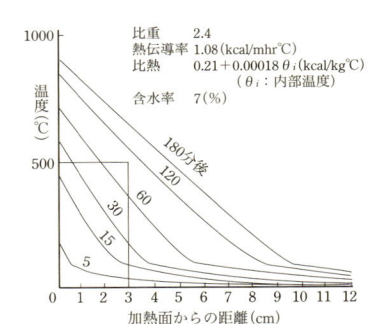

比重　2.4
熱伝導率　1.08(kcal/mhr℃)
比熱　$0.21+0.00018\theta_i$(kcal/kg℃)
　　　(θ_i：内部温度)
含水率　7(％)

図4 火災時のコンクリート温度　加熱温度が500℃であれば、冷却後ほぼ鉄筋の強度は回復することから耐火時間とかぶり厚さが決められている（日本コンクリート工学協会『コンクリート工学』Vol.31,No.7,p.84,1993）

※JISA1304 建築構造部分の耐火試験方法に定める標準温度加熱曲線で3時間加熱（1050℃）を受けた厚さ120mmの普通コンクリートの時間経過に関わるコンクリート内部の温度分布変化のシミュレーション

015　最小かぶり厚さ＋10mm＝設計かぶり厚さ

　「最小かぶり厚さ」とは、基準法施行令第79条で最低限守るべきかぶり厚さとして決められた遵守すべき数値である。これに従って国交省『公共建築工事標準仕様書』や建築学会『建築工事標準仕様書・同解説(JASS5)』では屋外に面する柱(フープ筋)の最小かぶり厚さを40mmと定めている。ところで、「最小かぶり厚さはコンクリートを打設した結果として確保すべき数値」である。この40mmという数値を結果として得ようとするならば、40mm＋αで計画しないと諸々の誤差の影響によって40mmを下回る可能性は避けられない。諸々の誤差とは、コンクリートが打ち込まれる際に生じるコンクリートの側圧による柱筋の位置ずれや柱筋の建入れ精度、フープ筋の加工精度、及び型枠の建入れ精度等に起因する誤差のことである。

　そこで、このプラスαをいくらにするか、過去にかぶり厚さの実情が調査された結果、＋10mmを目標に作り込めば、結果として最小かぶり厚さを下回る可能性は低いと判断された。そこでこの40＋10＝50mmで計画したかぶり厚さを「設計かぶり厚さ(＝計画かぶり厚さ)」と呼んでいる。以上に述べたことについては建築学会によって表1のように整理されているので参考にしてほしい。

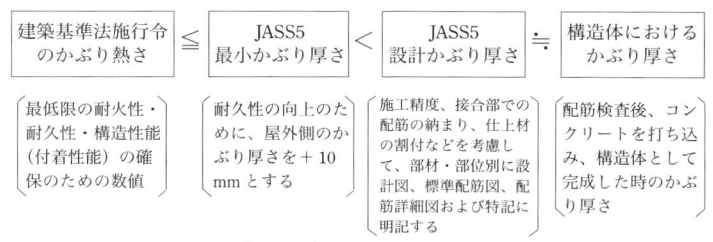

建築基準法施行令のかぶり厚さ	≦	JASS5 最小かぶり厚さ	＜	JASS5 設計かぶり厚さ	≒	構造体におけるかぶり厚さ
最低限の耐火性・耐久性・構造性能(付着性能)の確保のための数値		耐久性の向上のために、屋外側のかぶり厚さを＋10mmとする		施工精度、接合部での配筋の納まり、仕上材の割付などを考慮して、部材・部位別に設計図、標準配筋図、配筋詳細図および特記に明記する		配筋検査後、コンクリートを打ち込み、構造体として完成した時のかぶり厚さ

表1　各種かぶり厚さの関係
(日本建築学会『建築工事標準仕様書・同解説 JASS5 鉄筋コンクリート工事 2009年版』、p.201)

鉄筋のかぶり厚さ（建築基準法施行令第79条）
- 耐力壁以外の壁、又は柱　　　　　　　　2cm 以上
- 耐力壁、柱又は梁　　　　　　　　　　　3cm 以上
- 直接土に接する壁、柱、床、若しくは梁、又は布基礎の立上
　　　　　　　　　　　　　　　　　　　　4cm 以上
- 基礎（布基礎の立ち上がり部分を除く）　6cm 以上

国土交通省『公共建築工事標準仕様書』『建築工事標準仕様書・同解説 JASS5 鉄筋コンクリート工事』では、下記表のようになっている。

表2　設計かぶり厚さと最小かぶり厚さ

部位		かぶり厚さ（mm）	設計かぶり厚さ	最小かぶり厚さ
土に接しない部分	スラブ非耐力壁	屋内	30	20
		屋外	40	30
	柱・梁耐力壁	屋内	40	30
		屋外	50	40
	擁壁		50	40
土に接する部分	柱・梁・スラブ・耐力壁 布基礎の立ち上がり部分		50※	40
	基礎・擁壁		70※	60

（日本建築学会『建築工事標準仕様書・同解説 JASS5 鉄筋コンクリート工事 2003年版』、p.271）
※軽量コンクリートは 10mm 増し
上表は計画供用期間が標準・長期の場合

NOTE
タイル張りや石張りなど、耐久性上有効な仕上げのある場合、かぶり厚さを1cm減じることができるが、次ページに述べるように、「かぶり厚さは目地底から」に従うと、仕上げの有無に関わらず上表を遵守することになるので計画段階で留意しておく。

016　設計かぶり厚さは目地底から確保しよう

　コンクリート外壁表面に設ける打継ぎ目地や誘発目地の材料となるシールは、耐久性（所定の機能を長持ちさせる度合）の観点から見るとコンクリートに比べ早々に硬化し剥離することは容易に理解できる。シールが硬化、剥離すると外部からの水や炭酸ガスに対する遮蔽機能がなくなるので、シールはコンクリートに対して「耐久性上有効な仕上げ」とは見なされなくなった結果、「かぶり厚さは目地底から確保」と決められた。この考え方に従えば、外壁が例えタイル張りや石張りのような耐久性上有効な仕上げであっても（図1）、シール目地部に耐久性上有効な仕上げがない限り、結局は「目地底からのかぶり厚さで鉄筋の位置が決まる」ことを知っておいてほしい。

　そこで、外壁にひび割れ誘発目地を設ける場合、一般に外壁側は目地深さ分だけ増し打ち（ふかし）を設けることになるが、ドーナツスペーサーの選定にあたっては、「ふかしの寸法」を加えた大きさのものを選んでおかないと、目地位置でかぶり厚さが不足することになる。

　ここで（前ページとも関連することだが）、例えば「設計かぶり厚さ＋ふかし寸法」サイズのドーナツスペーサーを柱フープ筋に使用すると、またまた鉄筋加工組立てや型枠組立てに起因する諸々の誤差により、スペーサーが入らなくなることがある。だからと言って「最小かぶり厚さ＋ふかし寸法」のサイズのスペーサーを使用した場合、図2に示すように目地底で最小かぶり厚さが確保できないことが想定される。そこで、フープ筋などの加工寸法をさらに10㎜程度小さくすればこの問題はかなり改善される。ただし、独断で実行してはいけない。構造上監理者の同意が得られないこともあるので事前の了承が必要だ。

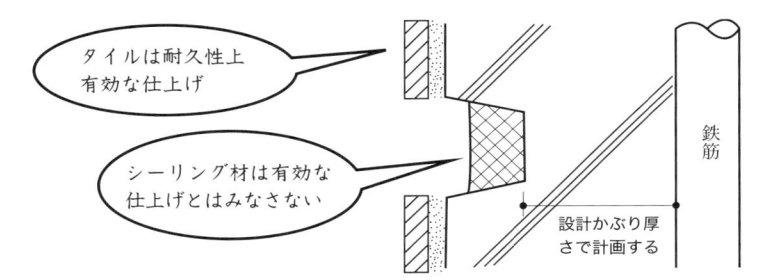

図1 タイルは「耐久性上有効な仕上げ」とみなされるが、シールは有効な仕上げとはみなされないので、図のような納まりとなるのなら、目地底から設計かぶり厚さを確保すること

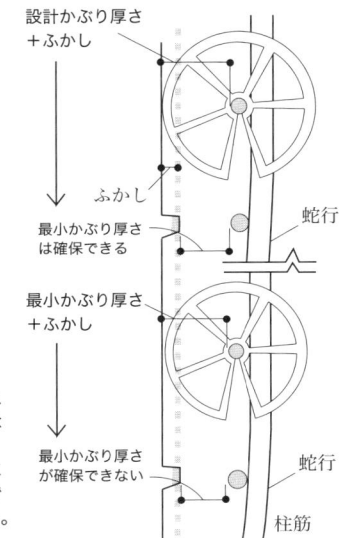

図2 「設計かぶり厚さ+ふかし」の寸法のスペーサーを選ぶと型枠との間に余裕がなくなるからといって「最小かぶり厚さ+ふかし」の寸法のスペーサーを選んだ時、図のように鉄筋が倒れたり湾曲したりすると、目地底で最小かぶり厚さが不足してしまうことがある。

2 鉄筋工事

017　かぶり厚さの不具合がなくならないわけ

　「設計かぶり厚さ」を確保するという考えが浸透してきた昨今、法令で定められた「最小かぶり厚さ」を確保することはほぼ達成できるようになってきたと思われる。ただし、コンクリート打設前の配筋検査で特に柱フープ筋の「設計かぶり厚さ」の不足が指摘されている状況が今もって散見されるので下記の対策に努力してほしい。

①**計画段階**：配筋にもともと無理なところがないか、柱・梁について絵を描いてあきやかぶり厚さのチェックをしておく。

②**フープ筋の加工**：設計かぶり厚さ（できればもう 10mm 小さくする）で加工していることを必ず確認する。最小かぶり厚さで加工されると、最小かぶり厚さを確保できるスペーサーを入れても前述した諸々の誤差により目地底で最小かぶり厚さを確保できないことがある。

③**コンクリート打設翌日**：床墨出し終了後、柱や壁筋の位置ずれの状況を調べ、偏りがあったら台直しなどの処置をしておく。

④**梁筋架構前**：柱筋の倒れや片寄りについて梁筋架構前に「設計かぶり厚さ」を満足するスペーサーを内外フープに入れて柱筋が梁筋架構時やコンクリート打設時の側圧で移動しないよう位置固めしておくこと（図 1）。なお、使用するスペーサーは変形しやすいプラスチック製より錆止めした鋼製スペーサーが望ましい。

⑤**外部用と内部用スペーサーは色分けして「見える化」しておく**（図 2）。

　以上の五つの対策を根気よく行えば、かぶり厚さに関するクレームは減少するはずだ。

梁筋架構前に設計かぶり厚さを確保できるスペーサーを四方に入れてフープ筋の位置決めをしておくと次のフロアでの柱筋位置は正確だ。

柱中間部に鋼製スペーサーを入れて柱筋が動きにくいようにしてある。

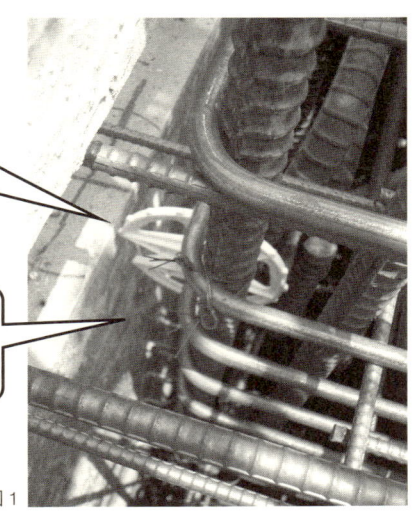

図1

スペーサーは内外部用それぞれ色分けすると例え間違えていても発見しやすい。

※右二列は白、それ以外は黄色

図2

2 鉄筋工事

018　かぶり厚さについてまわる「あき」の確保

　鉄筋コンクリート構造は鉄筋が引張り、コンクリートが圧縮を受け持つことにより鉄筋とコンクリートが一体となって外力に抵抗する構造である。力の伝達を効果的にするのが鉄筋の付着力である。鉄筋にリブをつけて付着力をアップさせている。力の伝達という点で忘れてはいけないことは、鉄筋相互の「あき」の確保である。JASS5では付着力計算の前提としてあきを鉄筋径の1.5倍以上と規定している。もしもあきが不足すると付着力の影響範囲が重なり、1本あたりの付着力が期待している計算値より小さくなる。

　柱脚部にアンカーボルトが入る納まり図を描いている時、地中梁筋のかぶり厚さを確保しようとするとあきが規定の鉄筋径の1.5倍以上に対して僅かに不足することがある。このような場合、あき、かぶり厚さともに満足させる一般的な対策は、
①鉄筋径を大きくして本数を減らす。
②コンクリートの断面（幅）を大きくする。
③二段筋や三段筋にする（有効せいが短くなる問題あり）。
等があるが、これらは全て設計段階で解決してほしい話である。あきが不足するので2段筋にしたいと監理者を通じて審査機関に計画変更を相談すると（建築基準法が改定された頃は許可が出るまで工程に支障をきたすほどの日数を要したこともあったようだが）それなりの日数を要することもある。

　柱や梁リスト単独ではあきに何ら問題がなくても、実際には上記の例の他にも図1や2のように、梁筋どうしや柱筋と梁筋が取り合うと、あきやかぶりの問題が必ず発生することを知っておいてほしい。

鉄骨アンカーボルト

梁筋のあきの余裕がない配筋はこのままなら良いのだが…

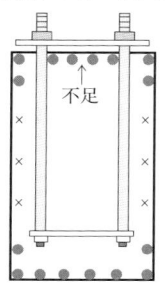

アンカーボルトを入れてみるとあきが不足する。だからといってスタラップの幅を広げるとかぶり厚さが取れなくなる。

図1　小梁が大梁に定着する場合、端部アンカーが大梁主筋の位置を動かしあきが不足する例

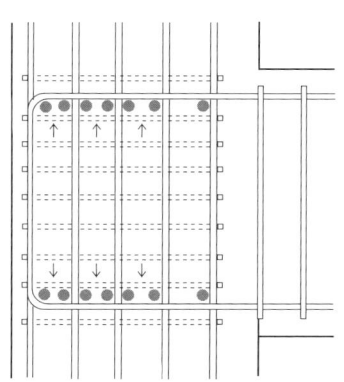

図2　梁リストでは梁筋が均等に並んでいても、柱筋が他の梁筋と交わるとあきが不足(↑↓)する例

019　あき、かぶり厚さが見逃されやすい部位

　柱フープ筋や外部に面する壁筋の検査に時間を取られると、その他のあき、かぶり厚さが意外と見逃されて、後で指摘を受けてしまうことがある。それらは以下の部位に見られることが多い。

①設備スリーブとその補強筋との間のあき

　壁、床ともに見受けられる事例である（図1、2）。スリーブの補強筋がスリーブに近接していることがある。墨出しが遅れ鉄筋工が前もってアバウトに補強筋を入れたものの正確な位置から少しずれてしまったことによる。ほとんどは簡単に手直しできるということもあって、すぐ手直しするという意識が十分でないように思われる。

②設備配管どうしのあきやかぶり厚さ

　CD管は梁の中立軸に近い中央部に配置する（図3）。間違っても梁に沿ってスタラップの外に配管などしてはならない。建築系現場係員は設備にまで目が回らないのが現実なので、まずは構造体に影響を与えない正しい配管とはどういうものかについての教育を事前に設備業者に対して行うことが必要と思われる。設備に関連した鉄筋の問題はまだ他にもある（**023**、**024** 参照）ので、引き続き読んでおいてもらいたい。

③水平スリットの上の縦筋のかぶり厚さ

　スリットの上に直接縦筋を立てると、そこでかぶり厚さが不足する。意識が働きにくい例なので気をつけること。対策としてはスペーサーをスリットの上に置いて横筋位置を決め、縦筋はその横筋に浮かし配筋として結束し、かぶり厚さを確保する（図4）。

図1 壁開口部補強筋とスリーブとのあきの確保

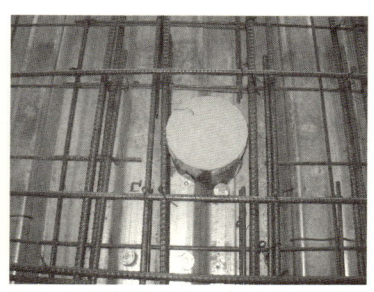

図2 スラブ筋とスリーブとのあきの確保

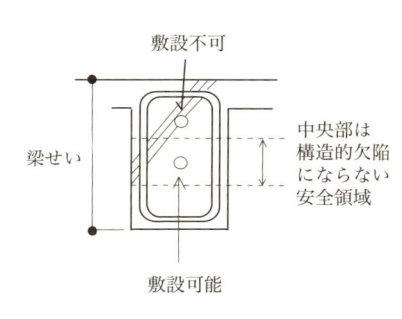

図3 CD管が梁を通過するときは、梁中立軸に近いところを通してあきとかぶり厚さを確保し、構造的欠陥とならないように配慮すること

図4 壁の縦筋の先端部分をスリット材の上に直接置くとかぶり厚さ不足となるので、最下段の横筋をサイコロスペーサーで支持し、縦筋のかぶりを確保している事例

2 鉄筋工事

020 あきの確保が難しい柱脚部

018のアンカーボルトのもう一つの話として、建物隅の柱脚部のコアにおいては柱筋の他に地中梁筋の柱内定着筋（上下筋とも）が直角方向から交差するのに加え、杭頭補強筋や鉄骨アンカーボルトまでもが同居するので「あきが確保されているのかどうかよくわからない事例の代表格」であることを知っておいてほしい。柱、梁、及び杭頭補強筋リストやアンカーボルトの仕様は個々に表現されているので、配筋前に「図上で合体」して相互関係を調べてみなければいけない（図2）。配筋が過密状態にあるときは、ほぼ間違いなく上述した四者のどこかが互いに交錯して納まらない状態なのに、配筋の途中で気がついて慌ててみてももう手遅れである。

図上での事前検討にあたって、まず、アンカーボルトの位置は動かすことができない。そこで、アンカーボルトと取り合う地中梁筋が納まるのかどうか検討する。アンカーボルトを考慮していない配筋ありきなので必ず行うこと。地中梁の位置が決まれば、次は柱筋の位置を地中梁筋の間で微調整して決める。最後に杭頭補強筋の位置決めである。図上でどう動かしてみても納まらなければ、**018**で述べた3つの対策のどれかを考えることになるが、最悪設計変更確認申請を出すことも視野に置かなければいけないので、急いで見通しを立てる。

図上でなんとか納まっても、既に施工済みの杭が図面どおりの位置にいるとは限らない。むしろ大なり小なり誤差があるのが現実である。こんな時の調整方法は、PC杭であれば地中梁を配筋する前に梁筋の位置を捨コンクリートの上に墨出ししておいて梁筋の間を狙って杭頭補強筋の位置決めをして溶接する（図3、4）。場所打杭の場合は苦労を伴うが杭頭筋をなんとか曲げてやりくりせざるを得ない。

図1 杭頭補強筋が柱から外れ、かつアンカーセットのないケースはほぼ問題ない

- ● 杭頭補強筋
- ◎ 梁主筋と杭頭補強筋が接触
- ◎ 梁主筋・ベース筋と杭頭補強筋が接触

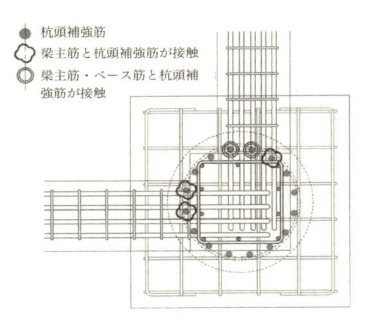

図2 図上検討してみると、杭頭補強筋が梁筋と干渉することが推測できる
(大阪建設業協会『若手技術者のための 知っておくべき鉄筋工事』2010年、p.37)

図3 図上検討結果から杭頭溶接補強筋の位置は梁筋の位置を墨出ししてから決める

図4 図上検討、墨出しによる位置決めにより、杭頭溶接補強筋、柱筋、梁筋相互が上手く納まった例

021　配筋検査と写真記録

配筋検査：配筋検査は「設計図書で定められたとおり現場で正しく配筋かつ結束固定されていることを現地で現物を見て設計図書と照合しながら確認し、合否判定する」極めて大切な活動である。柱や梁の主筋の径、鋼種、本数が決められた通りあるかどうかの検査は勿論のこと、定着長さ、継手位置、あき、かぶり厚さ等一つひとつ検査する。検査シートのフォーマットは色々あるようだが、柱、梁筋については各部材ごとに本数、径、鋼種が確認できるようになっていることと、それらをいつ、誰が確認し、誰が承認したかが分かるシートとする。壁やスラブ筋も部位ごとに径、ピッチが分かるように表現する。一方、どんなに立派な帳票や検査システムがあっても「検査を行うのは生身の人間」である。見逃しや思い込みなどによって主筋の鋼種や本数を間違う可能性は皆無ではない。そこで、配筋検査の心構えは「時間と根気を要する仕事なので緊張感が緩まないよう集中する」こと。そのためには、

・検査中は他の仕事を兼務しないこと。
・一人でやるのではなく、誰かと複数でダブルチェックをしたり、記録する係と検査する係を交代で行う等の工夫をしてほしい。

記録写真：記録写真は「正しく配筋されていることを第三者に証明する大切な手段」である。右図に「写真の撮り方・注意点」として要点が記載されている。知っておいてほしいことは「写真撮影は配筋検査の最終確認・是正のプロセス」ということ。写真を撮ったら時間をおかずによく眺めること。不要なものが写っていたり、黒板やスケールの位置がわかりにくかったりと、写真が色々なことを教えてくれるはずだ。

配筋状況の全景がわかる写真を数枚撮っておきましょう。

壁配筋ピッチがわかりやすいように数色のマーキングをしておくと写真の配筋確認が容易になります。

スペーサー（ドーナツ）が所定のかぶり厚さ・径のものを適正な間隔でセットした状態にする。

リボンテープ（定規）は縦横に配置しピッチが目視できるようにする。

工事名・撮影日・部位・鉄筋径・本数・ピッチなどを黒板またはホワイトボードに記入する。

NOTE
配筋写真の撮影は、ただ単に組み上がった状態を撮るのではなく、かぶり厚さ寸法や構造図の主筋径、本数、（端部中央）あき寸法、定着長さ、中吊筋、幅止筋スリーブ補強筋等正規に配筋されているか、設備関連、スリーブ、打込配管等も含めて最終確認し、是正をするプロセスであると位置付けることが必要。

写真の撮り方・注意点
（大阪建設業協会『若手技術者のための知っておくべき鉄筋工事』2010年、p.74）

022 機械式継手の確認事項

　超高層 RC 集合住宅建築では柱・梁の鉄筋量が多くなるので高強度かつ太径鉄筋が使用される結果、ガス圧接継手に代わって作業者の技量や天候に左右されにくい機械式継手が使われる(図1)。ここではその中で比較的よく使われるねじ節鉄筋を使用したロックナット式と充填式機械式継手について知っておいてほしい確認事項を解説する。

両方に共通した確認事項
①大臣認定された工法であること及びその認定条件。
②作業は有資格者か（資格証明書）。
③継手位置は原則として応力の小さいところ、かつ常時コンクリートに圧縮応力の生じているところに設けているか。※
④隣り合う継手の位置は原則としてずらせているか（弱点を分散させるとともに継手まわりのコンクリートの充填性や付着力を確保するため）。※
⑤カプラーまわりのフープ筋のかぶり厚さの確保（フープ筋は1段落ちのサイズを使用）。(図2)
　※③、④は継手性能によるので認定条件を確認する。

ロックナットがある場合の確認事項
①鉄筋がカプラー内の所定位置にあること(マーキングで全数目視)。
②合わせマークがずれていること（全数目視）（以上図3)。

無機、有機グラウトがある場合の確認事項
①グラウト材料が認定品であること（認定書で確認）。
②グラウト材のフロー値、温度が認定条件の範囲内であること。
③グラウト材が注入孔及びカプラーの両端から確実に漏出していること（全数目視）（図4)。

図1 機械式継手は鉄筋先組み工法と組み合わせて活用することが多い

図2 機械式継手上のフープはかぶり厚さ確保から1段落ちの鉄筋（D13→D10）を使用

図3 ネジ節鉄筋をカプラーとロックナットで接続し、ロックナットにトルクを与え鉄筋を固定する

図4 カプラーの空隙部にグラウトを充填し固定する。充填材は有機と無機の2種類がある

> **NOTE**
> 機械式継手―ねじ式継手―ロックナット式継手
> 　　　　　　グラウト式継手…
> ※継手性能はSA～C級までの4通りあるので、採用に当たっては留意する。
> 参考文献：日本建築学会標準仕様書、㈳日本鉄筋継ぎ手協会『鉄筋継ぎ手工事標準仕様書』(2009年)

023　設備配管にも目を向けよう

　コンクリート内への設備配管埋込みは設備工事業者の仕事なので、建築系の管理者はついついお任せになっている傾向が見受けられることがある。柱や梁、壁、床コンクリートに埋込む設備配管が鉄筋とのあきやかぶり厚さを阻害すると構造的欠陥となるので、早めのチェックが必要だということを知っておいてほしい。

　まず、特記仕様を確認する。特記によっては柱、梁に埋込まない仕様もあるので要注意。特記に記載がなければ監理者と標準納まりについて協議した上で、工事着手前に設備工事業者と埋設位置、鉄筋とのあき、かぶり厚さの寸法についての注意事項を伝えておくことが必要だ。

柱、壁埋設配管

　柱筋と同列に並んでいるCD管とのあきを確保（図1）しないと、柱筋とCD管との間でコンクリートの充填不良が生じ、構造的欠陥となりやすい。図1左下はコンセントボックスまわりのかぶり厚さ、配管の納め方、フープの位置などの納まり事例である。

床埋設配管

　床に埋め込む配管も同様である。例えば、配管が交差したところはコンクリートの充填不良やスラブ厚さの断面欠損となる（図3）。

　配管と床鉄筋とのあきが小さいと、鉄筋の付着が阻害されたり、コンクリートの回りが悪くなって「す」（空洞）を作ってしまう恐れが出る。これらはすべて構造的欠陥につながる。

　合成床板やデッキプレートなどに埋め込む配管の場合、デッキの流れに平行な管を埋め込む場合には山に埋め込めば良いのか、谷に埋め込めば良いのかも最初にきちんと打ち合わせをしておく。

×主筋添え配管は不可　配管　柱主筋

第2フープ
第1フープ
コンセントボックス
※
補強フープ筋
主筋

配管
主筋　※　※　主筋
コンセントボックス

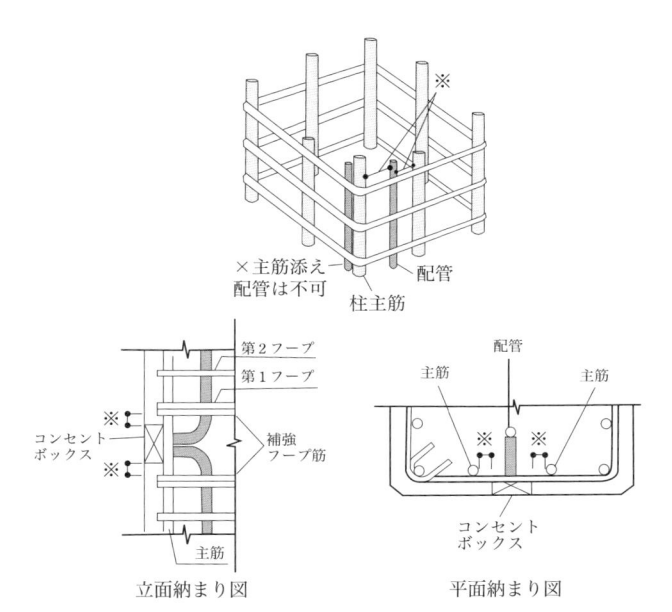

立面納まり図　　　平面納まり図

図1　柱主筋やコンセントボックスとCD管とのあき、かぶり厚さの納まりの例
（※の数値：基本的には監理者と協議する）

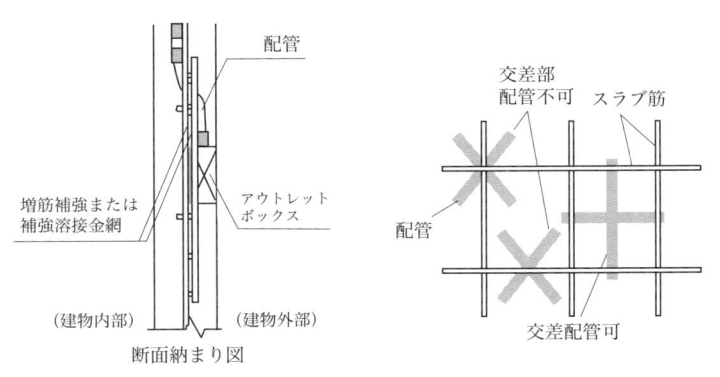

配管
増筋補強または補強溶接金網
アウトレットボックス
（建物内部）　（建物外部）
断面納まり図

交差部配管不可　スラブ筋
配管
交差配管可

図2　外壁にCD管を埋め込むときはかぶり厚さと断面欠損に注意。ひび割れ分散を図る目的で外壁側にメッシュ筋を張るのも良い

図3　配管の交差は、鉄筋の枡の中で行う。鉄筋の交差部や鉄筋のすぐ傍では断面欠損やあきの不足につながりやすい

024 設備屋さんに設備開口まわりの配筋を任せたら…

　下の写真は現場巡回中、ある設備用開口まわりの補強筋の状況を撮ったものである。現場は壁配筋が終わり、片側の壁型枠を建て起こし中であったが、一見して不自然に見えたのでよくよく見たところ、開口部を中心に長さが左右不均等なのに加え、鉄筋長さも不足した配筋をしていることがわかった。あまりにも基本に則っていない配筋をしているので事情を聞いてみると、設備屋さんに鉄筋材料の調達から補強作業まで全て依頼したとのこと。依頼するのであれば「補強筋としての所要寸法や補強要領まで伝達」しておかないと、せっかくやってもらってもやり直しになるので、依頼のしかたに注意しなければならない。また、伝達したとおりの配筋をしてくれているのかどうか途中で状態をチェックすべきである。言うまでもなく早速やり直してもらった。

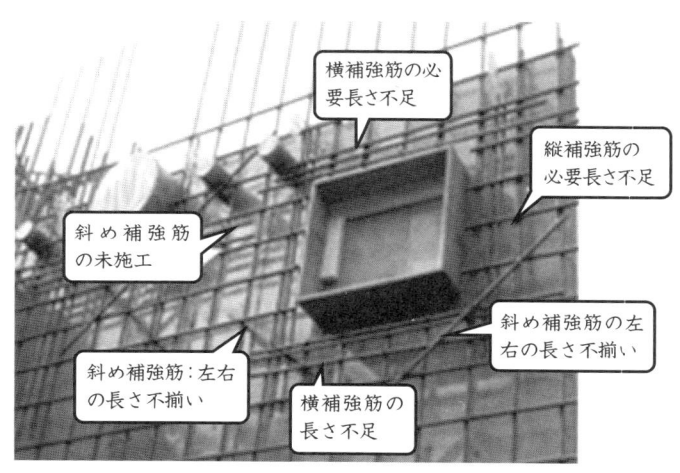

設備屋さんに開口補強筋の施工を依頼するならフォローも忘れずに

One Point　スペーサーあれこれ

○見える化したスペーサー管理

スペーサーを色分けするとサイズの違いが一目でわかる。このように張り出しておくと皆の眼につきやすい。どの場所にどれを使うかまで右の表に図示してあるのも良い。

○断熱材やデッキプレートに用いられるスペーサー
断熱材やデッキプレートに用いるスラブ筋のスペーサーは、下地が柔らかかったり凹んでいたりするので、専用のスペーサーを使用するとめり込んだり傾いたりしない。

025　工場製品でも安心は禁物

　工場製品だからといって常に安心とは限らない一つの事例を紹介したい。今から何年も前のことであるが、ある現場で2日間にわたって納入された溶接閉鎖型剪断補強筋（SD295A）の受入れ検査を行ったところ、2日分とも、5本中3本が、溶接部でかつ規格値以下で破断するという不具合が発生した。幸いにしてコンクリート打設前に公共試験所から引張試験結果の速報を受けるというしくみが機能して重大事には至らなかったものの、それでも原因究明と対策案の承認に要した時間に加え、対策にあたっては型枠を外して1000本を超えるスターラップ筋の添え筋補強にも時間を要し、結局約1週間コンクリート打設時期が延びてしまった。この原因は製造機械のある部位で異常を起こしたことにあった。工場ではこれらの異常に気がついて不良品の識別を行ったうえで出荷したとのことであったが、一部紛れ込んでしまったようだ。

　品質管理の行き届いた工場でも工程の何らかの異常という事態はいつかはどこかで起こるものだ。ここに受入れ検査の存在価値があることを知っておいてほしい。

　この事例のように受入れ検査のしくみができていると最悪の事態は避けられるのだが、メーカー側にも出荷前の外観検査や引張試験などを行う管理体制の徹底をお願いすると良い。それでも（ごく稀ではあるが）受入れ検査で不合格になるという事態は想定されるので、これらのしくみを適時フォローすることは必要と思われる。

　なお、この受入れ検査のしくみのつくり方やそのやりようについては設計図書に特記がなければ、監理者と相談して決めることになるが、図2に1つの事例を示したので参考にしてほしい。

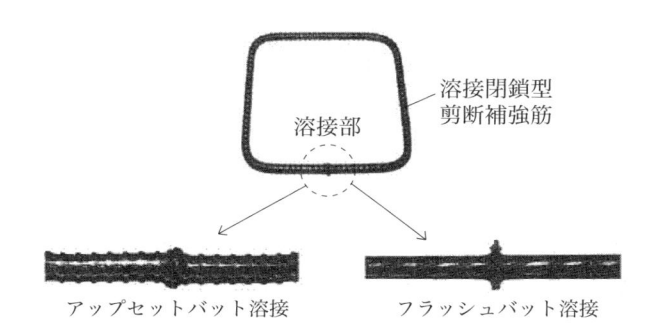

図1 溶接閉鎖型剪断補強筋と溶接部の溶接方法

- 溶接閉鎖型剪断補強筋
- 溶接部
- アップセットバット溶接
- フラッシュバット溶接

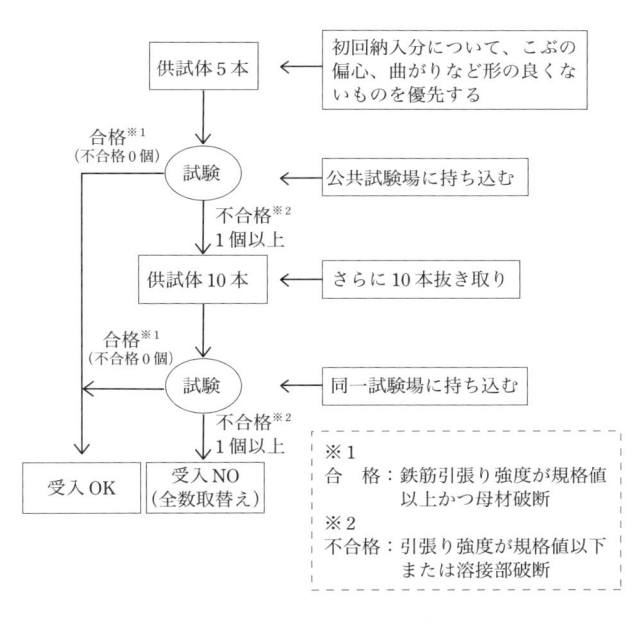

図2 受入検査のしくみの例

- 供試体5本 ← 初回納入分について、こぶの偏心、曲がりなど形の良くないものを優先する
- 試験 ← 公共試験場に持ち込む
- 合格[※1]（不合格0個）
- 不合格[※2] 1個以上
- 供試体10本 ← さらに10本抜き取り
- 試験 ← 同一試験場に持ち込む
- 合格[※1]（不合格0個）
- 不合格[※2] 1個以上
- 受入OK
- 受入NO（全数取替え）

※1 合　格：鉄筋引張り強度が規格値以上かつ母材破断
※2 不合格：引張り強度が規格値以下または溶接部破断

026 圧接に関する引張試験結果は早めに入手

　鉄筋の継手方法の一つにガス圧接継手があるが、施工の容易さからガス圧接継手は多く採用されている。ガス圧接継手は2本の鉄筋を加熱及び加圧することにより「金属結合」させる施工法であり、「溶接」とは異なる接合法である。接合にあたり端面処理、作業姿勢や加熱・加圧作業に不具合が生じると、「フラット破面」というつるつるした面ができてその分断面欠損となり接合部で破断しやすい(図2)。

目視検査：目視やケージを使用した検査項目には、ふくらみの径、圧接面のずれ、鉄筋中心軸の偏芯などがあり出来上がりが基準値(図3)を超えていないことを外観目視やスケールによって検査する。焼き過ぎによる著しい「だれ」や焼き割れも目視検査する。

引張試験：圧接接合面に有害な欠陥がなかったかどうかは通常引張試験結果で判断する。試験体として3本を抜き取り試験所に持ち込む。知っておいてほしいことは「正式な報告書の発行を待つことなく結果が出たら即ファクスしてもらうよう試験場に依頼しておく」こと。極めて稀にではあるが、母材以外で破断した結果が出たり、母材破断しているが強度が不足していたりすることがあるからだ。強度不足は鉄筋の誤使用によることがある。コンクリートを打ってから見つかったらそれこそ大変だ。

超音波探傷試験：図4のような探触子を滑らせて欠陥を探索する超音波探傷による非破壊検査の手法がある。200箇所を1検査ロットとし、そこから30箇所を抜き取って検査し、不具合箇所数が2箇所以上あれば、そのロットは不合格となる。この検査は結果がすぐにわかる利点があるが、探傷範囲として圧接面すべてをカバーできないという技術的な問題点もある。

図1 隣り合う鉄筋の圧接は500mm程度離して行う

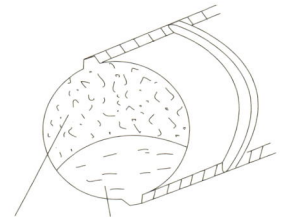

図2 フラット破断面ができると接合部で破断しやすい

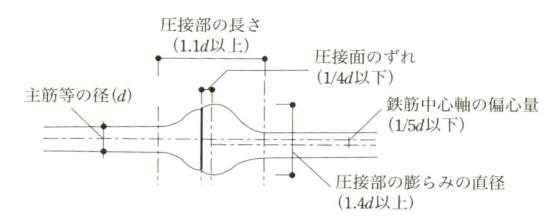

正常面は細かい凸凹あり　フラット破面はつるつるした平滑な面になっている（＝結合していない）

図3 圧接継手に関する規定（平成12年建告1463号）
（日本建築学会『建築工事標準仕様書・同解説 JASS5 鉄筋コンクリート工事 2009年版』、p.336）

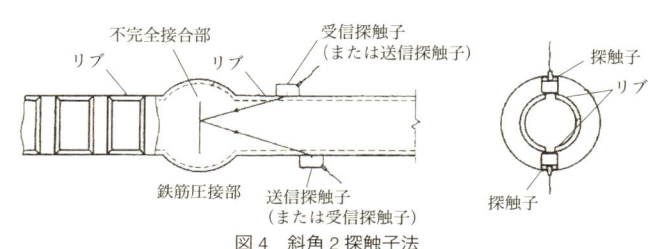

圧接部の長さ（$1.1d$以上）
圧接面のずれ（$1/4d$以下）
主筋等の径（d）
鉄筋中心軸の偏心量（$1/5d$以下）
圧接部の膨らみの直径（$1.4d$以上）

図4 斜角2探触子法
（国土交通省監修『建設工事監理指針平成22年版』上巻、p.321）

不完全接合部　受信探触子（または送信探触子）
リブ
鉄筋圧接部　送信探触子（または受信探触子）
探触子　リブ

2 鉄筋工事

027 定着長さに関する JASS5 改定の要点

定着長さの取り方が変わった

① フック付き定着長さ(下表)は、従来は「定着起点からフックの先端までの総長さ」で規定していたが、今回はフック付き鉄筋の定着長さ(L_{2h})とは図1にあるように「定着起点から鉄筋の折曲げ開始点までの直線長さ=L_{2h}のこと」であり、折曲げ開始点以降のフック部(= 90°、135°、180°のアール部の長さ+余長〔$8d$、$6d$、$4d$〕)は定着長さに含まれていないことを知っておいてほしい。

表 フック付き定着の長さ L_{2h} (JASS5 2009年版、p.323)

コンクリートの設計基準強度 Fc (N/mm²)	SD295A SD295B	SD345	SD390	SD490
18	$30d$	$30d$	—	—
21	$25d$	$25d$	$30d$	—
24〜27	$20d$	$25d$	$30d$	$35d$
30〜36	$20d$	$20d$	$25d$	$30d$
39〜45	$15d$	$20d$	$25d$	$30d$
48〜60	$15d$	$15d$	$20d$	$25d$

・表中の d は、異形鉄筋の呼び名の数値を表し、丸鋼には適用しない。
・フック付き鉄筋の定着長さ L_{2h} は、定着起点から鉄筋の折り曲げ開始点までの距離とし、折曲げ開始点以降のフック部は定着長さに含まない。

② ①が例えば梁筋の柱内への90°折曲げ定着や小梁・スラブの梁内90°折曲げ定着となる場合で、表に掲げた直線定着長さ L_{2h} を満足しない(納まらない)場合は次のaかつbとする。

a. 図2に示すように、定着起点から鉄筋先端までの全長が L_2 以上、かつ余長 $8d$ 以上(L_2 は従来と変わらない)とする。

b. 鉄筋の投影定着長さ L_a または L_b(図2)は特記によるが、ない場合は JASS5 本文 p.324 表10.6による。なお、梁主筋を柱に定着する場合、L_a の数値は原則柱せいの3/4倍以上とする。

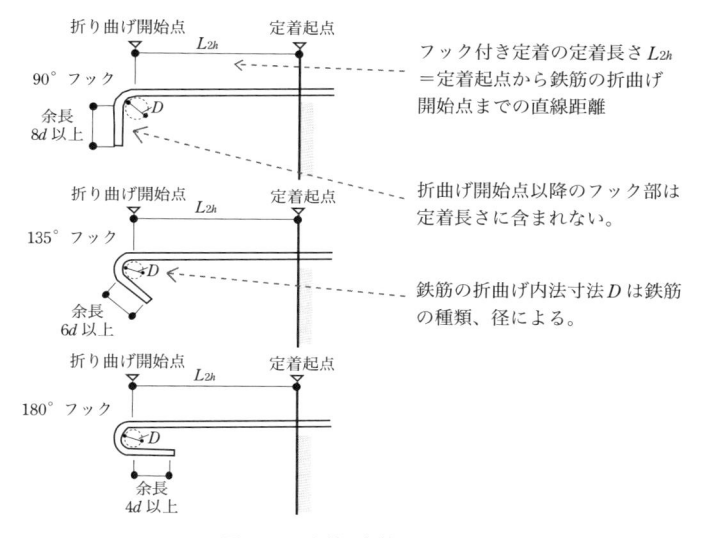

図1　フック付き定着の長さ L_{2h}
（日本建築学会『鉄筋コンクリート工事標準仕様書・同解説 2009 年版』p.323）

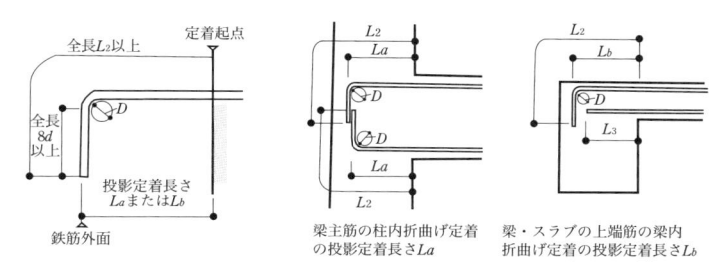

図2　梁主筋を柱内に折曲げ定着する場合や、小梁やスラブの上端筋を梁内に折曲げ定着する場合で、直線定着長さが取りきれない場合は、全長 L_2 を確保、及び l_a（柱への定着）または l_b（梁への上端筋の定着）とする。（日本建築学会『鉄筋コンクリート工事標準仕様書・同解説 2009 年版』p.324）l_a、l_b は JASS5 本文 p.324 表 10.6 を参照。

2　鉄筋工事

028　かぶり厚さに関するJASS5改定の要点

打ち上がったコンクリートのかぶり厚さの検査が定められた

　せき板取外し後、構造体コンクリートのかぶり厚さが懸念される箇所があった場合、

a. 非破壊検査を行い、不合格の場合は破壊検査によって確認する（非破壊検査はJASS5T-608〔電磁誘導法によるコンクリート中の鉄筋位置の測定方法、器具及び使用法については右図を参照〕または同等の精度で検査ができる方法にて行う）。
b. 検査箇所の設定方法（略）と合否判定基準あり（右表）。
c. 不合格の場合、さらに箇所を設定し検査及び合否判定する（省略）。
d. さらに不合格になった場合、全数検査し、合否判定する。
e. 結果が不合格になった場合の処置について（略）

などが細かに決められている。

　実際に行うにあたっては以下の点を監理者と協議することになる。

a. 検査員は社内の人材でよいか、外部の検査機関に委託するのか
b. 測定機器はどの製品を使うのか
c. かぶり厚さが懸念される場所の特定
d. 具体的にどの場所からどのくらい検査するのか
e. 測定結果に疑義のある場合の破壊検査の方法（ドリル／コアビット）
f. 補修方法

　これらを実際に行なうことになった場合、作業は相応の時間を要することが十分予想されるので、かぶり厚さ不足が懸念される事態に至らないよう計画段階で不安なところを見つけ解決しておくこと、及びコンクリート打設前の配筋検査段階でかぶり厚さが確保出来ていることを監理者とともに確認することが大切だ。

かぶり厚さの判定基準

項目	判定基準
測定値と最小かぶり厚さとの関係	$x \geqq C_{min} - 10mm$ ……………①
最小かぶり厚さに対する不良率	$P(x < C_{min}) \leqq 0.15$ ……………②
測定結果の平均値の範囲	$C_{min} \leqq \overline{X} \leqq C_d + 20m$ ……………③

ただし、x：個々の測定値（mm）　　$\overline{X}$：測定値の平均値（mm）
　　　　C_{min}：最小かぶり厚さ（mm）　C_d：設計かぶり厚さ（mm）
　　　　$P(x < C_{min})$：測定値が C_{min} を下回る確率
（日本建築学会『建築工事標準仕様書・同解説 JASS5 鉄筋コンクリート工事 2009 年版』p.374）

> **NOTE　判定の手順**
> ・〈STEP1〉所定の箇所数を選択、検査し上表の①または②の結果が不合格になった場合、
> ・〈STEP2〉さらに所定の箇所数を選択、測定し、先に測定した結果と合わせて上表の②を求め、アウトなら、
> ・〈STEP3〉全数検査し、②を満足しない場合、必要な補修を行う。
> ・別に上表の③を求め、不合格であれば偏りの疑いの有無を確認、処置する。

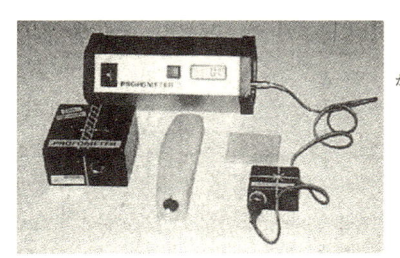

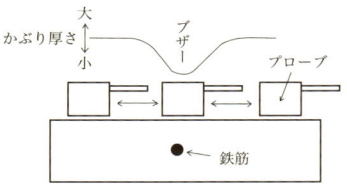

電磁誘導法による鉄筋探査機器の例と使用法
（日本コンクリート工学協会『コンクリートの診断技術』2004 年、pp.127-128）

> **NOTE**
> 電磁誘導法による機器を使用する際、対象となる鉄筋以外の磁性体がすぐ近くにある場合は測定誤差が生じやすいと言われているので、まず電磁波レーダー法にて影響の少ない場所を特定するのも１つの方法である。いずれにせよ精度の高い非破壊検査を行なうには専門技術者に依頼するのが望ましいとされている。（JASS5 2009 年版、p.377）

第2章　参考文献

・国土交通省監修『建設工事監理指針平成22年版』2010年
・日本建築学会『鉄筋コンクリート造のひび割れ対策（設計・施工）指針・同解説』（第3版）2002年
・日本建築学会『建築工事標準仕様書・同解説 JASS5 鉄筋コンクリート工事』2003年版、2009年版
・大阪建設業協会『若手技術者のための 知っておくべき鉄筋工事』2010年
・日本コンクリート工学協会『コンクリート工学』31-7、1993年
・日本コンクリート工学協会『コンクリートの診断技術』2004年
・日本鉄筋継ぎ手協会『鉄筋継ぎ手工事標準仕様書』2009年

3

コンクリート工事

コンクリートに求められる品質は強度・耐久性・美観である。本章の 27 のテーマはこの 3 つの基本品質のいずれかに関連する。中でも耐久性はあらゆる所に関連している。コンクリートは適切な設計、施工のもとでは 100 年以上もの耐久性がある一方で、硬化に伴う乾燥収縮があるという特性によりひび割れ問題が発生する。乾燥収縮ひび割れが有害な域に達すると中性化域の拡大や漏水問題にまで発展し、耐久性に大いに関わる問題となる。この有害なひび割れ対策について基本を知っておいてほしいので、全体の 4 分の 1 程度紙面を割いている。ひび割れ以外についても少々悩ましいテーマを取り上げたので一読していただきたい。

029　乾燥収縮ひび割れ防止対策の考え方

　外壁コンクリートのひび割れは漏水や鉄筋錆発生、美観上等のトラブルの元となる。コンクリートに何らかのひび割れが見つかると、「地震が来たら壊れるのではないか」という不安を感じる人がいて、この不安が何らかの形になって表れると「コンクリートの性質上、微細なひび割れは生じるものです」と、こちらで常識と思っていることを説明してもユーザーの方々には非常識としか理解されず「はいそうですか」で1件落着とはいかないことがある。平常時から「乾燥収縮ひび割れ」のメカニズムについてのPRが必要である。

　ひび割れの要因は設計、施工、材料、荷重、外的要因など多方面にわたっていることは既に知られている。「ひび割れ自体が瑕疵だ」と指摘を受けることもあり、今後もひび割れ防止対策に真摯に当たらなければならないが、右図に示す現行の乾燥収縮ひび割れ防止対策は、いずれをとってもひび割れの発生を完全に防ぐことは難しく、漏水防止上また美観上「有害なひび割れ」を防ぐという考え方に基づいた対策であることを知っておいてほしい。

　有害なひび割れ防止対策の基本的な考え方は、「ひび割れを一切発生させない」よう計画するのではなく、「発生したとしてもそれが有害でない」ように計画する。即ち右図の①ひび割れ幅を有害でない程度に分散させる、②ひび割れを予め計画した位置に集中させる、③材料自体を改善するの3つが挙げられ、通常このいずれかが、または複合して設計に活かされている。なお一層の安全を期する場合、塗膜に厚みがあり、伸縮性に優れひび割れ追従性の高い外壁用塗膜防水材（JISA6021に適合し、長期耐久性が確認されている）で外壁を塗膜防水する工法が推奨されている。

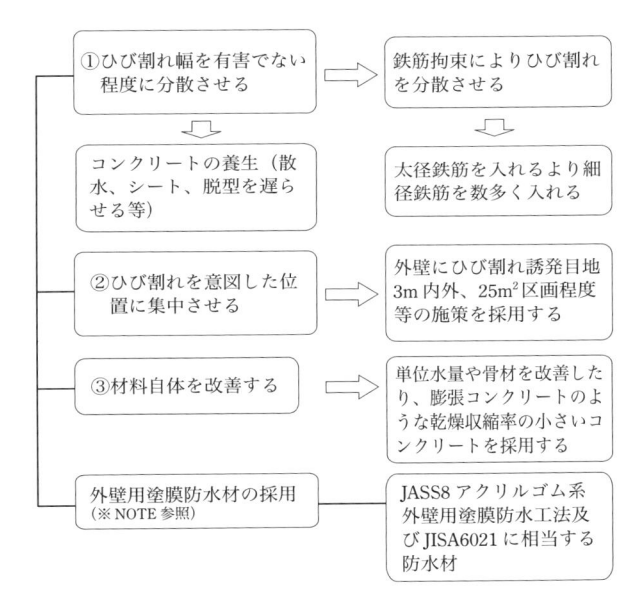

```
┌─①ひび割れ幅を有害でない  ⇒  鉄筋拘束によりひび割れ
│  程度に分散させる          を分散させる
│         ⇓                      ⇓
│  コンクリートの養生（散       太径鉄筋を入れるより細
│  水、シート、脱型を遅ら       径鉄筋を数多く入れる
│  せる等）
│
├─②ひび割れを意図した位   ⇒  外壁にひび割れ誘発目地
│  置に集中させる              3m内外、25m²区画程度
│                              等の施策を採用する
│
├─③材料自体を改善する    ⇒  単位水量や骨材を改善した
│                              り、膨張コンクリートのよ
│                              うな乾燥収縮率の小さいコ
│                              ンクリートを採用する
│
└─外壁用塗膜防水材の採用     JASS8 アクリルゴム系
   (※NOTE参照)               外壁用塗膜防水工法及
                              び JISA6021 に相当する
                              防水材
```

有害なひび割れ防止対策の基本形

> **NOTE**
> 『建築工事監理指針』（平成19年版上巻）の第9章「防水工事」では、コンクリート外壁からの漏水が多いことに触れ、外壁面での防水工法の必要性を指摘している。JASS8（防水工事）ではアクリルゴム系外壁用塗膜防水工法（L-AW）を標準仕様として取り上げている。その中で防水材の塗布量は1.7kg/m²以上と決められているが、これを満足するには固形分比率の高い材料であることが求められる。筆者が長年見てきたアロンウォール（東亞合成株式会社）は固形分70％以上、乾燥膜中のアクリルゴムは55％以上、1mm近い膜厚を有しており、長年にわたり高いひび割れ追従性能を持っていることが確認され、かつ実績も多いお奨めの外壁用塗膜防水材である。

3 コンクリート工事

030 ひび割れ誘発目地とは

　有害なひび割れ防止対策技術の一つとして「ひび割れ誘発目地」と呼ばれる、目地を外壁コンクリート内外（外壁側だけの場合もある）に設け、壁の断面を欠損させて、そこに乾燥収縮ひび割れを集中させる手法が一般化している。この誘発目地は壁面のどこに設けても良いわけではなく、開口の両脇とか、柱と壁のように断面や形状が変わるところ、つまり「コンクリートの乾燥収縮歪によって生じる応力が集中しやすいところ」に設けるのが基本である（図1）。次に、壁の断面をどの程度欠損させたら効果があるのかについては、誘発目地による壁の断面欠損率と、そこにひび割れを集中させる確率を研究したデータ（図3）によると、少なくとも20％以上断面欠損させることが費用対効果の面からも望ましいと思われる。ただ、同図に示すように「欠損率だけでなく、目地の間隔も影響する」ことを知っておいてほしい。

　誘発目地による断面欠損率の計算は次のように行う（図2）。
　欠損率＝目地深さの合計／全断面（＝壁厚＋ふかし）
　　　　＝$t_1 + t_2$（t_1、t_2は目地深さ）／t（全断面）

なお、耐力壁の場合は壁厚を確保するため、断面欠損させた分、壁を増打ちしなければならない。非耐力壁の場合、外壁側は柱、梁との関係上目地深さ分だけ増打ちが必要となるが、内壁側にも目地を設けた場合はかぶり厚さが確保できれば増打ちの必要はない。

　例えば、$t_1 = 20$mm、$t_2 = 15$mm、壁厚＝200mmの場合、
　耐力壁の場合：欠損率＝$(20 + 15)/(200 + 20 + 15) = 15\%$（図2）
　非耐力壁の場合：欠損率＝$(20 + 15)/(200 + 20) = 16\%$
となる。

コンクリートが乾燥収縮すると

壁は収縮しようとする
⇩（そこで）
柱の際に目地を入れて
ここにひび割れを集中させる

壁面開口部隅に力が集まる
⇩（そこで）
開口の両脇に目地を入れて
ここにひび割れを集中させる

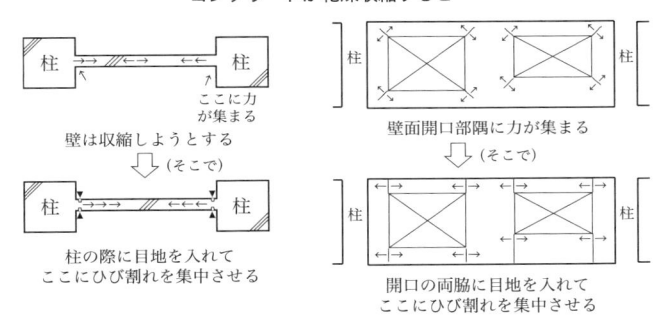

図1　誘発目地の配置例

図2　断面欠損率の計算

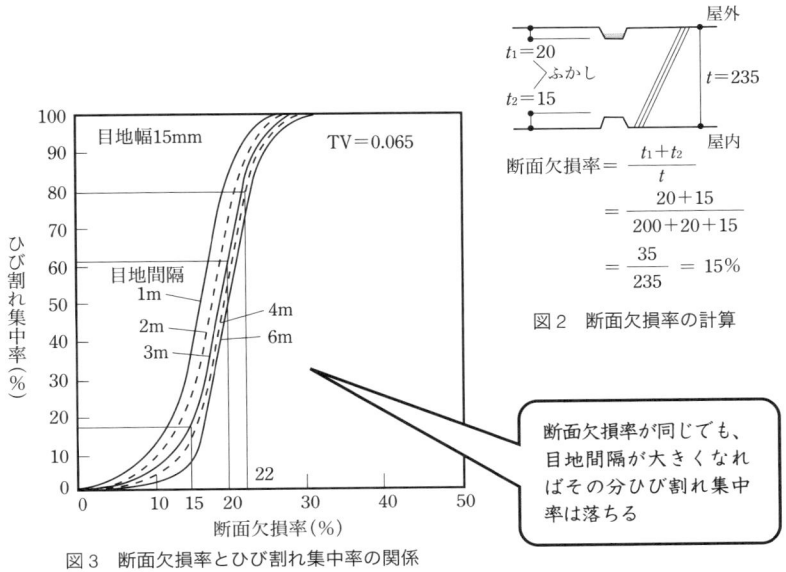

$$\text{断面欠損率} = \frac{t_1 + t_2}{t} = \frac{20 + 15}{200 + 20 + 15} = \frac{35}{235} = 15\%$$

図3　断面欠損率とひび割れ集中率の関係
（日本建築学会『鉄筋コンクリート造のひび割れ対策（設計・施工）指針同解説』第3版、2002年、p.118）

断面欠損率が同じでも、目地間隔が大きくなればその分ひび割れ集中率は落ちる

031 断面欠損率をアップさせる裏技

　断面が200mmの耐力壁に外部側20mm、内部側15mmの深さを持った誘発目地を入れるとすると、**030**図2の計算結果から、
　断面欠損率＝目地深さの合計／全断面（＝壁厚＋ふかし）
　　　　　　＝（20＋15）／（200＋20＋15）＝15%
となり、望ましいとされる目標の20%が達成できない。これを解決する方法として、塩ビパイプ、鉄筋やアングル材等の鋼材を誘発目地位置に合わせて入れてコンクリートを断面欠損させるやり方がある（図1）。この場合、鉄筋等の鋼材は塩ビパイプと比べると内部が空洞ではないのでふかし（増打ち）の必要がなく、コンクリート打設時の側圧で曲がる心配もない。ただし、鋼材の有効な断面欠損率がいくらなのかは監理者と協議する必要がある。一例として鉄筋の呼び名の2/3を有効断面欠損率としてD25を例に計算方法を紹介する。
　欠損率＝（目地深さの合計＋鉄筋による有効な断面欠損）／全断面
　　　　＝（20＋15＋25×2/3）／（200＋20＋15）（＝壁厚＋ふかし）
　　　　＝22%
となり、目標の断面欠損率を得ることができる。

施工（鉄筋等鋼材使用）にあたっての注意事項
①誘発目地位置にきちんとセットすること。目地位置が予め墨出しされずに鉄筋を組み立てた場合、型枠を起こすと位置ずれしていることがあるので、返し壁を起こす前に忘れずに修正しておく。
②目地位置に入れた鉄筋が壁縦筋とくっつきすぎて、あきが不足することのないようにしておくこと（図2）。
③鋼材を採用した場合は目地部の鋼材が将来錆びる恐れがあるので、亜鉛メッキやエポキシ樹脂塗装などで防錆する必要がある。

従来の方法

ふかし — 屋内
15
200
20
ふかし — 屋外

$\dfrac{(目地深さ合計)20+15}{(壁厚)200+20+15} < 0.20$

塩ビパイプ

$\dfrac{(目地深さ合計+パイプ径)}{(壁厚+パイプ径)} > 0.20$

$\dfrac{(目地深さ合計+2/3^{※}\times 鉄筋径の合計)}{壁厚} > 0.20$

塩ビパイプは内部が空洞なので、耐力壁の場合は欠損分のふかしが必要。また、コンクリートの側圧で曲がらないよう固定する。

誘発目地位置に合わせること。鉄筋は防錆塗装しておく。

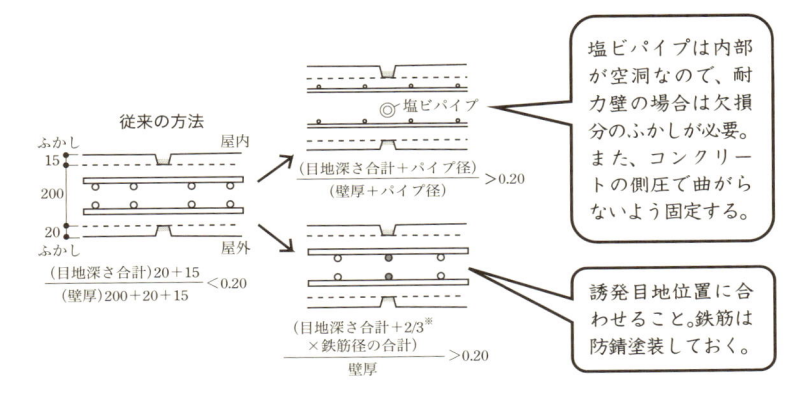

図1 誘発目地位置での断面欠損率をアップする手法の例
(※:監理者との協議による)

図2 図1の実施例。目地鉄筋にはエポキシ樹脂塗装がしてある。注意してほしいのは、正規の壁筋に近寄り過ぎるとコンクリートの充填不良を招きやすいのであきを確保すること。

3 コンクリート工事

032 バルコニースラブの誘発目地位置決めの留意点

　集合住宅のバルコニースラブに設ける誘発目地の割り付けは、一住戸を単位として等分するが、平面的には出入隅のある位置に、コンクリート手摺壁に高低がある場合は高さが変わる位置にひび割れが出やすいので、その位置に優先して割り付けるが、バルコニースラブ上下及びバルコニー先端の手摺壁の内外に設ける誘発目地は連続するように同位置とすることを知っておいてほしい（図1）。さらに、これらの位置がバルコニー内側の外壁の誘発目地位置に一致すると見栄えよく納まるが、この場合以下の3つのケースに留意してほしい。

①意匠上バルコニー内側の外壁開口まわりに設けた誘発目地位置をバルコニースラブ上下及び手摺壁に一致させようとすると、手摺壁がタイル張りであればタイル割り付け、及びバルコニースラブの出入り隅部の位置、避難ハッチの位置などすべて調整して早めに計画しないと、どこかで合わなくなるので、内壁側とバルコニー床及び手摺側と別々に仕分けて目地割りをすることもある。

②バルコニースラブの下面（見あげた面）の目地位置は、図2のように外壁開口脇の誘発目地位置に合わせ、スラブ上面の目地位置は、タイル割りから得た手摺壁の目地位置に合わせると、確かに上下それぞれで見栄えは良くなるかもしれないが、床の上下の誘発目地位置が食い違うと床にひび割れが生じることがある。

③タイル割りからバルコニー壁の誘発目地位置を決めていかなければいけないのに、タイル割付を後回しにすると、タイル割りから来た伸縮目地と壁に設けた誘発目地が一致せず、タイルにひび割れが起きる（図3）ので目地位置を合わせること。

スラブ上は
弾性シール
(スラブ下
は不要)

バルコニースラブに設ける誘発目地は手摺目地と同一位置とすること(ぐるりと一廻りすること)

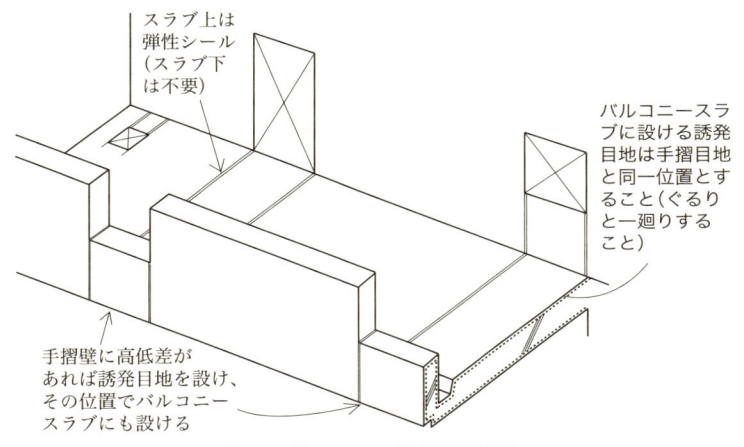

手摺壁に高低差があれば誘発目地を設け、その位置でバルコニースラブにも設ける

図1　バルコニーに設ける誘発目地

スラブ下の目地は外壁に合わせたのね？

図2　外壁とバルコニー下面との目地合わせの例

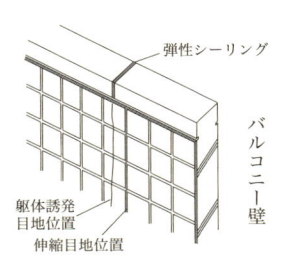

弾性シーリング
躯体誘発目地位置
伸縮目地位置
バルコニー壁

図3　伸縮目地と誘発目地が一致していないために生じたひび割れ

033 開口両脇に誘発目地のある場合、斜め補強筋は逆効果

　ポツ窓開口部の四隅には斜めひび割れが入りやすいため、開口補強筋を入れ、ひび割れの分散を図るのだが、現実にはなかなか実効があがらないことは周知のとおり。そこで、開口部両脇に誘発目地を設け、斜めひび割れを誘発目地の中に集中させようとする手法が今は一般的である。

　ところが、下の図のように誘発目地と合わせて斜め補強筋まで入れてしまうと、何となくそれぞれの効果が相乗して良さそうな気がするが、これは逆である。せっかく「目地に沿ってひび割れしようとしているコンクリートを斜め補強筋が割れないよう頑張って抵抗させている」ことになる。つまり相反することをやっているということを知っておいてほしい。開口両脇に目地を入れる場合は図のように補強筋を斜めに入れず、目地に沿って縦に入れて、誘発目地位置にひび割れを集中させる条件を整えること。

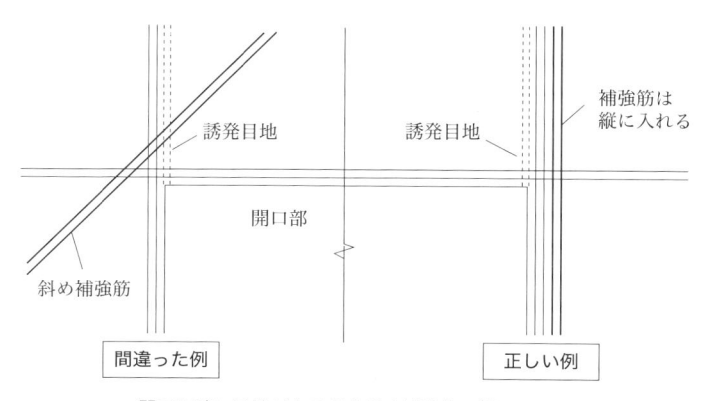

開口両脇に目地がある場合斜め補強筋は縦に入れる

One Point
腰壁の誘発目地間隔は腰壁の高さに応じて

コンクリート腰壁に設ける誘発目地の例

　コンクリートは等方性の材料ではないのだが、乾燥収縮時には概ね縦横均等に収縮しようとする。したがって、例えば腰壁コンクリートの背の高さが1mなら1m間隔に、0.3mなら0.3m間隔に収縮しようとする傾向がある。

　その意味で、左側の写真の誘発目地の事例は悪い例ではないが、目地の間隔が細かすぎて幾分不経済な感じがする。逆に右側の写真の目地の間隔は腰壁の高さの割には目地間隔が広すぎるので、すでにひび割れが目地以外のところに発生している。そのひび割れの出方を見ると、正方形に近い形に割れつつあるのが窺える。

　結論として、縦横の長さが原則概ね正方形に近い形になるように誘発目地の間隔が決められれば、合理的な割付と考えられる。

3　コンクリート工事

034 「コンクリートが溶けとるんと違うか？」

　筆者が経験した事例である。ある日、あるマンションの最上階に住んでおられる方から「コンクリートが溶けとるんと違うか？」というクレームが入ったとの連絡が保全部門からあった。詳しく聞いてみると、屋上コンクリート庇先端部に生じたひび割れから水滴が落下し、バルコニー金属手摺に白華として付着していたとのこと。

　その後以下のようなやりとりがあった。「なぜひび割れが起きるのか」「なぜ白華が出たのか」「鉄筋やコンクリート自体に問題はなかったのか」「検査はきちんとやったのか」などの質問をお受けした。

　白華のできるプロセスや、コンクリートは元々乾燥収縮する材料であること、コンクリートの乾燥収縮率を基に発生したひび割れ幅の合計を計算すると乾燥収縮の想定範囲にあること、コンクリートの強度試験結果や配筋検査結果や写真記録にも問題は見あたらなかったこと、誘発目地対策などをご説明したが、「誘発目地を設けておきながら目地以外のところにひび割れが発生するのはなぜか」については十分な回答が出来なかった。

　029で説明したように、ひび割れを完全に防ぐことはできない。そこで、ひび割れが発生しても漏水に至るような有害なひび割れとならないよう、庇上部にはウレタン塗膜防水が施工されていたが、防水は庇鼻先の天端までで、鼻先立ち上がり小壁は誘発目地対策のみで防水はなかったことと、ウレタン防水の厚み不足があったため乾燥収縮ひび割れから浸水し、白華現象を引き起こしたのだが、これが「ひび割れ問題＝構造的問題論」にまで発展してしまった。乾燥収縮ひび割れの補修を丁寧に行い、防水を再施工させていただいた。筆者がそこで得た教訓を右の NOTE に示したので参考にしてほしい。

熱による収縮

乾燥収縮

溶けとる
溶けとる

あ、白華だ…

NOTE
屋上の跳出し庇は乾燥収縮ひび割れに加え、太陽熱の影響を直接受けるので、細かなひび割れが分散して発生しやすい。したがって庇に誘発目地を設けるのみでは漏水や白華の危険性を完全には防止できないので、ウレタン等の防水層を計画し、施工にあたっては特にウレタン層の厚みが不足しないよう十分注意する。

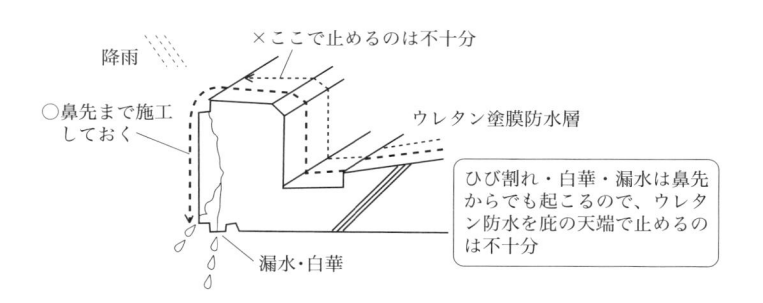

降雨
×ここで止めるのは不十分
○鼻先まで施工しておく
ウレタン塗膜防水層
漏水・白華

ひび割れ・白華・漏水は鼻先からでも起こるので、ウレタン防水を庇の天端で止めるのは不十分

NOTE ウレタン塗膜防水を行う場合、庇鼻先の天端で止めるよりも、鼻先立ち上がり小壁まで防水しておけば、例えコンクリートが乾燥収縮ひび割れを起こしても白華の発生や漏水の発生を防止する効果は高い。

035 今は昔？集合住宅の「八の字ひび割れ」

　集合住宅最上階の戸境壁に生じていた八の字ひび割れの事例を紹介する。昭和40年代に建設された集合住宅の最上階のある住戸の内装改修を行うため、内装材をすべて撤去した時点で戸境壁にひび割れがあることがわかり、「コンクリートは大丈夫か」など安全性の確認にまで話が及んだことがあった。

　原因は屋根スラブが日射により熱膨張したために屋根スラブとつながっている壁コンクリートが引っ張られ、コンクリートの乾燥収縮と相まって斜め（八の字）ひび割れが起きたもの。この現象は「温度ひび割れ」と称される、以前からよく知られた現象である。

　この頃は屋上コンクリートスラブ下にスタイロフォームや木毛板などの断熱材を打込む工法（内断熱工法）が主流の時代だったが、この工法はコンクリートスラブの熱挙動を促進してしまうという問題点があった。その後、スラブの上に断熱材を敷込む工法（外断熱工法）が普及したこと、及び最上階の戸境壁は隅部に斜め補強筋を入れてひび割れ分散を図るようになった（図3）結果、コンクリートの熱膨張が緩和され、温度ひび割れに関するクレームはほぼなくなった。ところが、外断熱工法を行うにしても、夏場にコンクリートを打設し、外断熱工事が行われるまでの間に既に戸境壁にひび割れが生じ、竣工後も挙動する（戸境壁面を薄塗りの上、クロス張り仕上げする場合）こともあるので、屋上外断熱後、壁薄塗りの前に戸境壁にひび割れを見つけてそこにエポキシ樹脂を注入してひび割れの挙動を抑えておく。なお、「戸境壁のひび割れやクロスの皺を避けるために音が抜けやすいGL工法を安易に採用してはいけない」ことを知っておいてほしい。

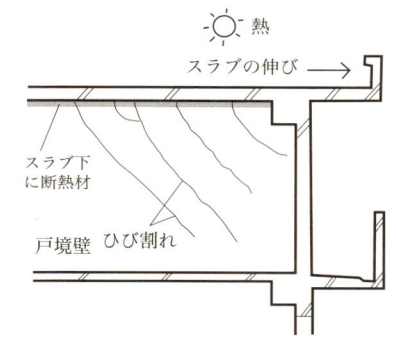

図1 内断熱工法では屋上スラブの熱負荷が大きくなり、その分熱膨張が大きくなるため、戸境壁が引張られてひび割れが生じる。左右対称に生じるのでこれを「八の字ひび割れ」とも言う。

図2 集合住宅の最上階の東西に面する住戸の壁面に生じた温度ひび割れ。丁度両側で八の字形に生じるので「八の字ひび割れ」とも言われる。第三者機関による鉄筋位置の探査、かぶり厚さの測定まで行われたが、いずれも問題はなかった。

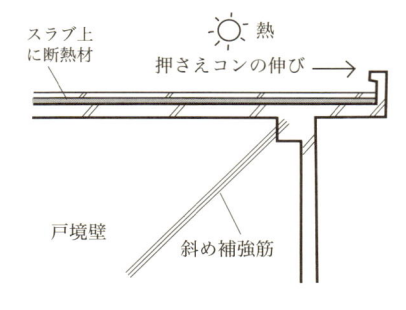

図3 外断熱工法の採用及び建物最上階戸境壁の隅部に斜め補強筋を入れた例

3 コンクリート工事

036　せき板を取り外しても養生が必要なわけ

　コンクリートはセメントと水との水和反応により硬化する材料であることはよく知られているが、その硬化促進過程では養生温度と湿潤状態が大きく影響する。夏場のように養生温度が高いと水和反応が促進され、強度発現は促進されるが、冬場のように温度が低いと強度発現が遅れる傾向にある。そこで、せき板取り外しの目安として、コンクリートが初期凍害を受けることなく、また容易に傷つけられることのない最低限の強度＝コンクリートの圧縮強度が5N/mm^{2}以上であることを確認することになっている（JASS5）。

　ところで、「5Nが出ていたらせき板を取り外してそれで1件落着」という誤解がある。確かに上述のとおりせき板は取り外せるが、ここで忘れがちなのが「その後の湿潤養生」である。せき板取り外し時期とは別にJASS5や基準法施行令で湿潤養生の期間を定めている（右表）が、その主旨は右図のグラフを見ると分かるように「初期材令（養生期間）における湿潤養生の有無やその期間がコンクリートの圧縮強度の増進に大きな影響を与えている」ことを知っておいてほしい。

　効果的な養生方法の代表例としてせき板の存置がある。せき板の存置はコンクリート中の水分の発散を抑制する効果があるので、コンクリート表面に至るまで硬化が促進し、緻密なコンクリートができる。右表に定められた湿潤養生期間より早くせき板を取り外す場合はそれに代わる湿潤養生※（右イラスト参照）を行わなければならない。なお部材の厚さや構造体コンクリートの圧縮強度によっては、せき板を同表以前に取り外してその後の養生を打ち切っても良い場合もJASS5（p.271）に示されているので、該当する場合は監理者に取り扱いを相談すると良い。

普通ポルトランドセメント

湿潤養生の期間と強度の伸びグラフ
(日本建築学会『建築工事標準仕様書・同解説 JASS5 鉄筋コンクリート工事 2009 年版』、p.276)

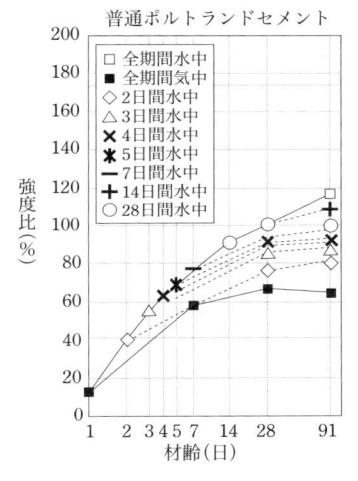

早々に養生を打ち切ると、その時点から強度が伸びないことがわかる

弱々しい…

湿潤養生の期間

セメントの種類 \ 計画供用期間の級	短期および標準	長期および超長期
早強ポルトランドセメント	3 日以上	5 日以上
普通ポルトランドセメント	5 日以上	7 日以上
中庸熱および低熱ポルトランドセメント、高炉セメント B 種、フライアッシュセメント B 種	7 日以上	10 日以上

(日本建築学会『建築工事標準仕様書・同解説 JASS5 鉄筋コンクリート工事 2009 年版』、p.271)

※:せき板養生の他に養生マット、水密シード、散水・噴霧養生、膜養生などがあるんだ…

037　降雨はお金のかからない外壁の散水試験だ

　コンクリート壁面に生じたひび割れからの漏水は、ひび割れ幅が0.06mm以上あればその可能性ありと言われている。しかしこの程度の小さな幅では容易には見つからず、そのまま見逃されて仕上げの塗装が行われ、後日、外壁の乾燥収縮が経年で進行すると、工事中見逃された微細なひび割れが成長し、塗膜を破り漏水に至るという事例は少なからずあるように思われる。右表に見られるように、肉眼では中々分かりにくい微細なひび割れでも漏水することがあることを考慮して、外装仕上げの時期が近づいた頃、強い雨や長雨が続いた時に外壁の室内側に漏水跡がないかよく見て廻ると漏水跡から外壁の微細なひび割れが発見できることがあることを知っておいてほしい。

　現場巡回時に筆者が見た事例の中で、構造スリットの外壁側目地部分が外れて少々曲がっていたが当初気がつかず、内壁に漏水して気がついた事例がある。この現場は隣地との空きが狭く、足場は抱き足場で平素なかなか外部には目が届きにくく、ひょっとすると外壁仕上げ時期まで曲がりを見逃していたかもしれないが、降雨時の漏水が不具合を教えてくれたおかげで早々に補修ができた。漏水の跡が見られたら、早速外部に回って該当する外壁ひび割れを見つけ、マーキングしておいて、仕上げ着手前にuカットシール処置をしておくと漏水クレームの心配が減る。

　ところで、RC造倉庫のように外壁が厚いコンクリートの場合は竣工後何年かを経て、ひび割れがようやく内部に貫通して漏水に至ることがある。このようなケースでは、外壁仕上材に建築用塗膜防水材を採用してもらうと漏水を防止できる効果が高いので、対策の一つとして参考にしてもらいたい。

補修の要否に関するひびわれの限度

区分	環境※1 / その他の要因※2	耐久性からみた場合			防水性からみた場合
		きびしい	中間	ゆるやか	—
補修を必要とするひび割れ幅 (mm)	大	0.4 以上	0.4 以上	0.6 以上	0.2 以上
	中	0.4 以上	0.6 以上	0.8 以上	0.2 以上
	小	0.6 以上	0.8 以上	1.0 以上	0.2 以上
補修を必要としないひび割れ幅 (mm)	大	0.1 以下	0.2 以下	0.2 以下	0.05 以下
	中	0.1 以下	0.2 以下	0.3 以下	0.05 以下
	小	0.2 以下	0.3 以下	0.3 以下	0.05 以下

※1：その他の原因（大、中、小）とは、コンクリート構造物の耐久性および防水性に及ぼす有害性の程度を示し、下記の要因の影響を総合して定める。ひび割れの深さ・パターン、かぶり（厚さ）、コンクリート表面の塗膜の有無、材料・配（調）合、打継ぎなど。
※2：主として鋼材のさびの発生条件からみた環境条件
（日本建築学会『建築工事標準仕様書・同解説 JASS5 鉄筋コンクリート工事 2009 年版』、p.271）

雨でひび割れが発見できれば、後々のトラブルを防げる！

NOTE

ひび割れからの漏水の調査研究例※によれば部材の厚さや加える水圧など環境条件による違いは見られるものの、許容できるひび割れ幅は 0.06mm 以下とする例が過半を占める。これは上表の結論と概ね一致する。また、雨量や風速等の降雨条件によっても違うとしている。例えば通常の弱い雨では漏水しなくても年に 1～2 回という強い風雨では漏水するケースもある。（※：日本建築学会『鉄筋コンクリート造のひび割れ対策（設計・施工）指針同解説』（第 3 版、2002 年、p.131）

038　地下外壁からの漏水を防止しよう

　近年コストダウンを考慮してか、水を嫌う電気室や居室でない限り、地下外壁の内側に二重壁を設けないケースが多くなっている。その結果、右図左に示すもろもろの要因から漏水→白華というプロセスを経るにつれ徐々に見栄えも悪くなり不具合に至るので、二重壁がない場合はより一層外壁からの漏水防止を図る必要に迫られる。

　ひび割れは早々に起こることもあるが、地下外壁は一般には壁厚も厚く、外部側の地中部は常に湿潤状態なので、乾燥収縮ひび割れが壁を貫通するには時間がかかり、コンクリート打設後何年かして不具合が始まることがある。漏水した水は一般には排水溝を介してピットに排水するが、白華などにより水抜き孔が詰まったり、排水パイプの勾配が悪く流れが阻害されたりすると溝内で溢れて室内に漏水することがある。立上り壁が後打ちだと打継ぎ部から漏水しやすい。

　知っておいて欲しい施工のポイントは次のとおり（右図参照）。
①**良いコンクリート**：じゃんかやコールドジョイントのない密実なコンクリートを打ってまずは躯体で漏水を止める強い気構えを持つ。
②**止水セパ**：セパレータまわりからの漏水を防ぐためリング状の水膨張性ゴムをセパレータへ挿入することは効果がある。
③**止水板**：打継ぎ部には実績のある止水材、止水板を使用する。止水板は打ち込みなので傾いたり曲がったりしないようよく監視する。
④**排水溝と溝立上がり**：排水孔は２箇所/スパン設ける。二重壁がある場合（当たり前のことだが）排水孔に手が届く範囲に点検口を設ける。溝立上がりは床コンクリートと同時打ちとする。溝内部は無機質系塗布防水とする。

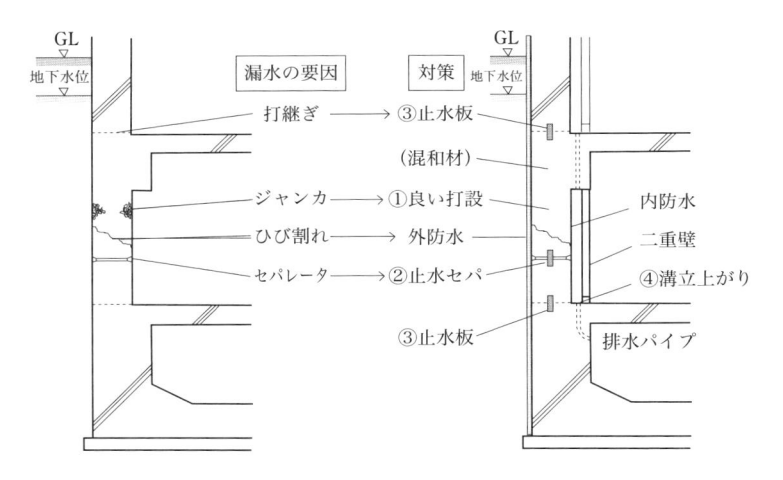

地下外壁からの漏水要因と防止対策

NOTE
地下水位の高いところでは、左に述べたいろいろな対策を講じても漏水を100％防止するのは難しいので、建物の用途、重要度に応じて外防水や二重壁を設けることがある。二重壁は防水効果を目的とするのではなく、漏水した際の漏水跡や白華に伴う汚れの目隠しとして設けられる。地下外壁から漏水した場合は、やみくもに止水しても他のところから次々に漏水することがあるので、漏水部には親水性ウレタン樹脂の注入などを何回か行いながら漏水範囲を計画的に狭めていって、最後は漏水部に化粧パイプを取り付けて浸入水を湧水ピットに導くこともある。

039　打放しコンクリートは手直しが効かない

　打放しコンクリートのための解説をすると1冊の本ができるほど内容は盛沢山なものがある。筆者もこれまで打放しコンクリートの良し悪しをいろいろ見てきたが、打放しコンクリート表面に不具合があっても簡単には補修できないことをまず知っておいてほしい。これまで見てきたことの中から上手に打設するための主なポイントを絞り込んでみた。なお、型枠については型枠の項で解説する。

① セメントの成分や骨材によって色調が若干異なる※(右NOTE参照)ことがわかっているので、セメントメーカーと骨材の産地を揃えるため「プラントは一社に絞る」のが望ましい。

② 同一セメント、同一骨材であっても気温補正によってセメント量が変わると色調に影響するので、呼び強度を揃える。

③ 設計者に色調の好みがあるので、プラントが決まったら見本打ちをして色合いを設計者に見てもらう。

④ 木コンの割付け図を作成し、チェックを受ける。

⑤ 打設にあたってのポイント

・打ち重ね部での色違い(**041**参照)をなくすために、壁や柱は梁下まで一気に打ち上げる。

・落下高さを出来るだけ低くして気泡の混入や骨材の分離を防ぐ。

・打ち上がり表面に気泡をたくさん残さないようつつき、叩きは十分行い、内部の気泡を追い出す(図2)。バイブレータをかけ過ぎると表面に縞をつくるのでかけ過ぎない。

・下階の打ちあがったコンクリート外壁にのろが流れたり、鉄筋錆で壁面を汚したりすることがあるので、養生フィルムで防ぐ(図3)。

図1 木コンが通りよく割り付けられ目違いやノロ漏れ等の無い精度良く出来上がった打放しコンクリートは見るものの心を捉える。

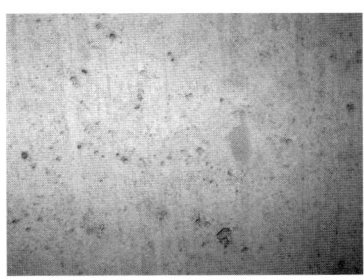

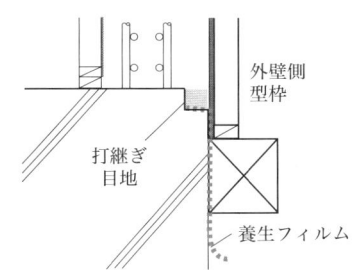

図2 目立つ気泡が目通りに見えると見栄えがよくない。

図3 打ちあがった外壁がコンクリートのろや鉄筋錆などで汚れないよう養生フィルムで防いでいる例

NOTE

・セメントの色調はメーカーによって違いがある。コンクリートの色調は使用するセメントの成分のうちアルミン酸、酸化マグネシウムの含有量によって差が出てくる。この差は明度の他に黄色系、黒色系の違いとして現れる。

・コンクリート中の骨材は全体容積の約70%を占め、そのうち細骨材は45%程度を占める。この細骨材がコンクリートの色に影響を及ぼす。骨材の色は白色系、黒色系、茶系などいろいろあるが、SiO_2の量が多い(安山岩、花崗岩系)と白っぽくなり、少ないと黒っぽくなる。プラントではこれらをブレンドしている。

040 打放しコンクリートは手直しが効く?

　打放しコンクリート面に適切な塗装等の保護を行うことができれば、耐候性や耐汚染性の面での改善が期待できる。過去にコンクリート表面にシリコンクリア塗装を直接かけた時代があった。しかしながら、この手法はコンクリート表面の吸い込み程度（面の粗さ）によって造膜の厚みがばらつき、光の反射の状況が変わり、色むらを強調させたり、後日シリコン塗膜の汚れが目立つようになり、コンクリートの持つ素材の良さを阻害する事例がいくつか発生した。その後、「浸透型塗装」が出現した。浸透型塗装はコンクリート表面の多孔質性を利用して内部に塗料を含浸させ、塗料の成分とコンクリートとの化学反応によってコンクリート内部に吸水防止生成物を形成し水の浸透を防止する。また、非造膜型、無色、無光沢なのでコンクリートの質感をほとんど損わない、施工も簡単である。反面、浸透深さはせいぜい 2〜3mm 程度であり、持続性も 3 年程度と言われている。

　近年「浸透型塗装を下地とした塗膜型クリア複合塗装」が出現した。この工法はコンクリート打ちあがりの色違いや、軽微な補修跡もカバーできる「お助け工法」と言える。施工のプロセスは、コンクリート下地に前述した浸透性塗装を行い、クリア塗装の欠点であった吸い込みムラの調整を行い、白色顔料を有する塗料で全体を調整した後、耐候性の高いアクリルシリコン樹脂やフッ素樹脂クリアで塗装する（図 2）。注意点としては顔料の混入度合いによって若干ながらコンクリートの質感が変わるので必ず事前に見本吹きを行って出来栄えの良さ加減を確認すること。ともあれ、打ち放しコンクリート表面の見栄えや耐久性が改善できる時代になったのは喜ばしいことだ。

図1　複合塗装によって綺麗に仕上げられたコンクリート外壁

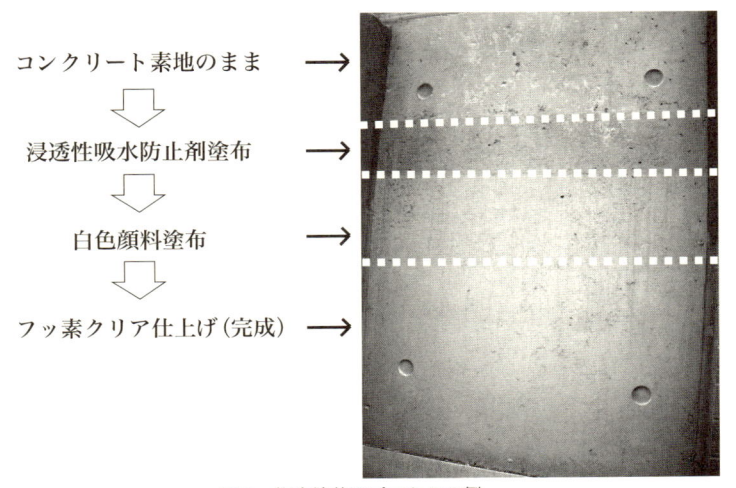

コンクリート素地のまま　→
⇩
浸透性吸水防止剤塗布　→
⇩
白色顔料塗布　→
⇩
フッ素クリア仕上げ（完成）　→

図2　複合塗装のプロセスの例

041 打ち重ねたコンクリートの色が違うのはなぜ？

　壁や梁に打設したコンクリートが打ち重ね部分で図1のように色違いが見られることがある。共通しているのは打ち重ね部の境界で色がはっきり分かれていることと、下層部が黒く見えることである。この現象は打放しコンクリート仕上げでは見栄え上要注意である。

　走査型電子顕微鏡で見ると、この黒い部分は水酸化カルシウムが重なり合った緻密な層であるとのこと。なぜ、このような緻密な層ができるかと言うと、打ち重ねたところにバイブレータを入れると、バイブレータの振動によって既に適度に締め固められた下層部のコンクリートまで再振動された結果、型枠の表面にペーストが移行してより緻密な水和物の層が作られるためであり、また下層は上部に打たれたコンクリートの重量が加わり型枠表面にペーストが移行しやすいことも考えられる。

　次に、緻密な層はなぜ黒っぽく見えるのか。コンクリート表面は本来多孔質であり、その中に空気を含有している。そのため、外部からの光に対してこの空気層が乱反射して白っぽい質感に見える。一方、緻密な表層は平滑に仕上がっているので乱反射が少なく光を吸収して黒っぽく見えてしまうのである。（図2を参照）

　このコンクリートが黒っぽく見える現象は型枠存置期間を長く置いてから脱型したコンクリートにも見られる。この原因も、コンクリート表層部が型枠の養生によって急激に乾燥することなくじっくりと水和物の層が形成され表面が緻密に出来上がったからだと言われている。

　色違いや黒い層自体をなくし出来映えを良くするには、柱や壁は床下まで一気に打ち上げること、脱型はせいぜい5日後くらいには行うことにまで配慮すべきだということを知っておいてほしい。

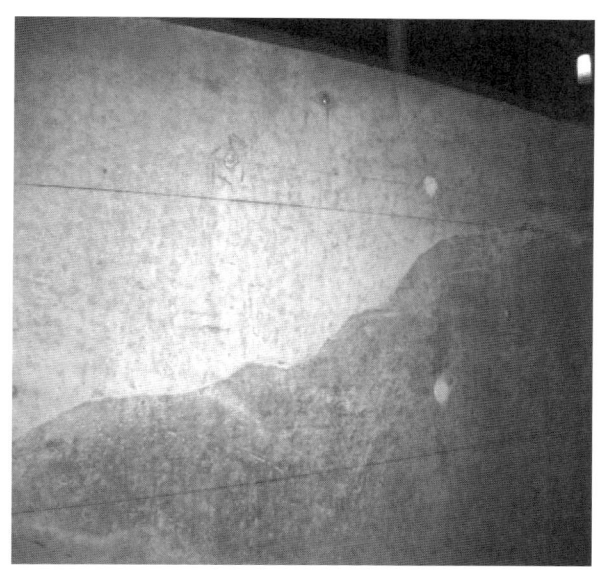

図1 コンクリートを打ち重ねた境界の下層部が黒く見える現象の例

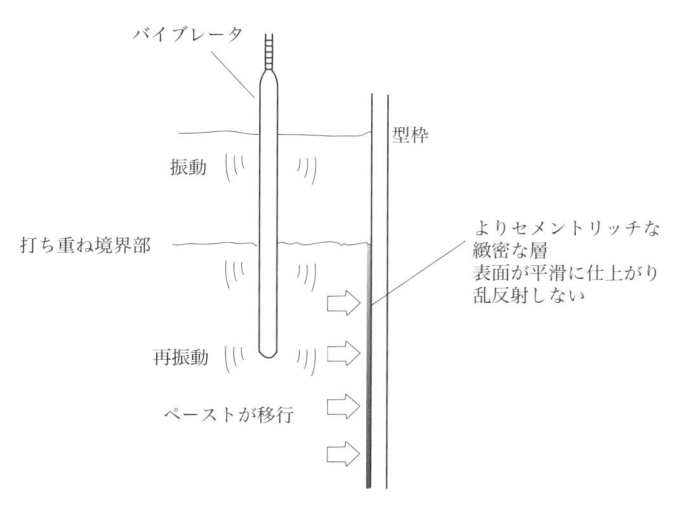

図2 黒く見える部分ができるわけ

(図2 ラベル: バイブレータ、型枠、振動、打ち重ね境界部、再振動、ペーストが移行、よりセメントリッチな緻密な層 表面が平滑に仕上がり乱反射しない)

3 コンクリート工事

042 レイタンスは脆弱層だ

　図1を見ると柱や壁部分のレイタンスがわかる。打ち込まれたコンクリートはブリーディング[※1]によってコンクリート内部の余剰水が上昇し、セメントや骨材は沈む。この余剰水が引いた後、余剰水に含まれていた微粒物がコンクリート表面に残る。これをレイタンス[※2]という。珍しい事例だが、梁上にもレイタンスが顕著に出た例もある。

　このレイタンスは脆弱層だということを知っておいてほしい。ここにコンクリートを打ち継ぐと接着強度がレイタンスのない場合に比べて落ちるので、JASS5でもレイタンスの除去を定めている。特に、柱は床に比べてブリーディング量が大きい分、柱内部にレイタンスが溜まりやすくなるので、コンクリート打設時、よく締め固めた上、中央が多少盛り上がるくらいに木鏝で均しておくと良い（図2）。また、レイタンスを抑える薬液を散布しても改善できる。

レイタンスの除去方法

　コンクリートを打設した翌日か翌々日にコンクリート表面のレイタンスや鉄筋に付着した脆弱なノロをワイヤブラシで落としたり、高圧洗浄で除去するのが一般的なやり方である。特に高圧洗浄で除去するやり方は効率が良く、綺麗に除去できる（図3）。

※1　ブリーディング：コンクリート中の遊離水がセメント、骨材の間を通り抜けて上昇し、コンクリート上面に溜まること。柱や壁、梁に打ち込まれたコンクリートは床に比べブリーディング水が多い。
※2　レイタンス：ブリーディングによって浮上し、コンクリート表面に薄層をなして滞積した微粒物。強度も付着力も極めて小さい。

図1　打込み高さの高い柱や壁は床に比べてブリーディング量も多く、その分レイタンスも溜まりやすいので、配筋前に除去する必要がある。

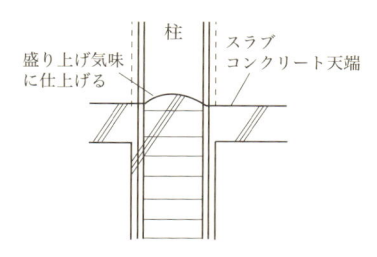

図2　レイタンスを避けるために打設時に柱内部を少々盛り上げ気味に仕上げる

図3　レイタンスを翌日高圧洗浄している例

043　仮設開口はあくまで仮設だ

　タワークレーンマストを建込むため及び資材揚重のための開口、乗入れ構台のH型鋼支柱がスラブを貫通する開口、型枠材を上階に転用するための開口、墨出し用の孔を設けたり…等スラブに仮設開口を設けることは工事を進めていく上で必要不可欠である。ただし、これらの開口はあくまでも設計図には現れていない「仮設開口」であり、位置や大きさ、補強、復旧方法によっては構造的欠陥になりうるので、閉鎖要領については事前に監理者と十分打ち合わせしてほしい。

　知っておいてほしいことは、本来鉄筋が通るところが不連続になったり、本数が不足したり、埋めたコンクリートの品質に問題があってはならないということだ。また、水を使う部位にやむを得ず開口を設ける場合、閉鎖したコンクリートの隙間から漏水したりしてはいけない。

開口部閉鎖を計画するに当たっての一般的な留意点

①スラブ筋を切断しない仕切り板だけの型枠とするのが基本。四周鉄筋を切断して開口部型枠を入れて、スラブコンクリート打設後、四周にあと施工アンカーを打って、そこに鉄筋（ずん切りボルト）を組んでコンクリートを打つというやり方は鉄筋の不連続になる(図1)。

②スラブ筋を切断してから型枠を入れざるを得ないやり方にするのなら、開口側にスラブ筋を延長し開口塞ぎ時に添え筋にて溶接する。添え筋の長さは$10d$以上を見込んだ長さとする（図2、3）。

③コンクリートの打ち継ぎとなるところは十分清掃、水湿しを行った上で打ち継ぐ。

④打ち継ぎ部周辺はきれいに仕上げておく。

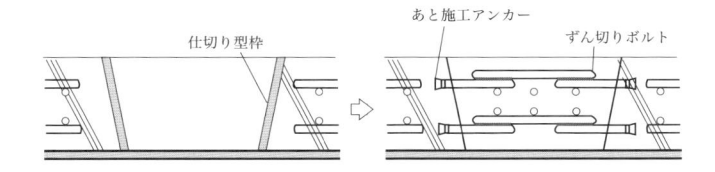

図1 仮設開口まわりでスラブ筋を切断して型枠脱型後アンカーを打って溶接で繋いでも連続したことにはならない

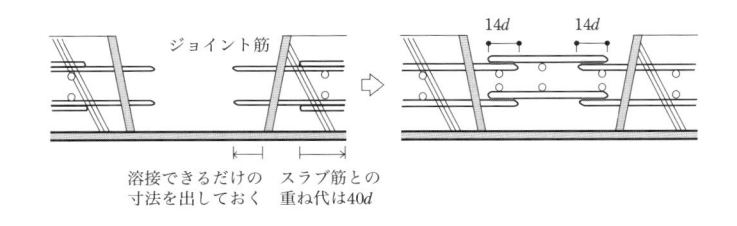

図2 開口側にスラブ筋を延長し、開口塞ぎ時に添え筋＋フレア溶接にて接合を行う例

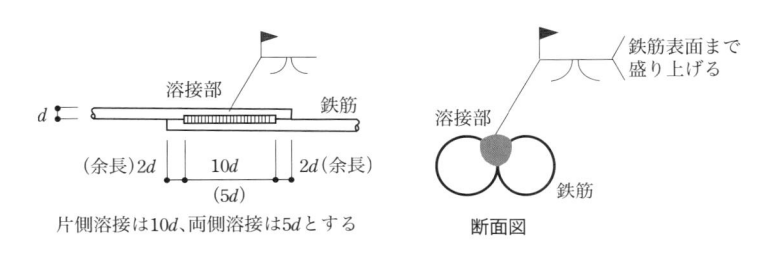

片側溶接は$10d$、両側溶接は$5d$とする

図3 ジョイント筋の溶接のための重ね長さは$14d$以上とする

044　床開口にまつわる事例

H形に刳り抜いた仮設開口の注意点

　建物内に乗入れ構台を設ける場合、地下階があれば1階や地階コンクリート床をH型鋼の構台杭が貫通する。スラブ打設後、構台杭の引抜きを行うが、この引抜きを容易にするためH鋼杭のまわりに絶縁材を貼り付け、引抜き前に除去して、杭を容易に抜くという施工法がある（図1）。この施工法の注意点は、H鋼まわりのスラブ配筋がH鋼まわりで連続しなくなること。もしも図1の○印に示すウェブまわりのコンクリートが無筋状態のままでH鋼の隙間を充填してしまうと、竣工後何かの拍子に割れたり剥離したりすることが起こりうる。構台杭を抜いた跡は仮設開口なので、復旧のための配筋要領は監理者の了解を得ておくことが必要である。配筋にあたっての注意点は、

① H鋼のフランジとウェブに囲まれた○印の部分には必ず鉄筋を伸ばし、無筋状態としない。
② フランジやウェブ部分に当たって配筋できない鉄筋はH鋼の周辺に配置し、鉄筋量を減らさない。

　H型に抜くのではなく、杭が貫通しているところは前ページのように箱形や丸形に抜いて杭を引き抜いた後、対向する鉄筋を溶接して接続する閉鎖要領のほうが問題は残らない。

図1　H形に繰り抜かれた状況。丸印のコンクリート部にはスラブ筋を伸ばしておくこと

開口部をまるーく造るとひび割れが起きにくい？

　コンクリートは乾燥収縮する材料なので、壁や床に開口部を作ると、開口まわりにも乾燥収縮の影響が出てくる。その結果、最も応力の集中しやすい角部に斜めひび割れが起きるのは周知のとおりである。コンクリート中の内部応力を解析した事例（図2）によると、角部は一般部より5〜6倍の力が働いていることがわかる。開口四隅に斜めひび割れが多いのはこの要因によるもので、なかなか完全には防ぐことができない。

　ところが、この角にちょっと丸面をつけると、斜めひび割れの発生が著しく改善できるようだ。床に開口部を造るときは開口部に丸面をつけることを率先して指導している現場所長がいる。結果はなかなか良好なので試みていただきたい。

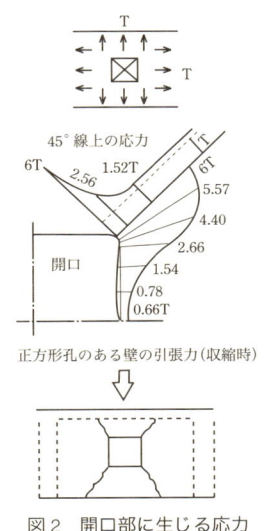

図2　開口部に生じる応力
（岡田哲『よくわかるコンクリート建物のひび割れ』建築技術、2003年、p.38)

図3　開口隅部を丸く仕上げた例。スリーブ付ジョイント筋が入れてある

045　生コン調合(配合)報告書・計算書を読む

　生コンの調合（配合）はどのような手順で進められるのか、その中でどの項目にチェックが必要なのか、筆者が作成した右に示す調合事例を通じて、調合の手順とチェックポイント（※1〜3）を理解できるようになってほしい。

調合の手順とチェックポイント（JASS5 2009年版に倣う）

①調合管理強度を決める：$F_m = F_q + S = 24 + 3 = 27\text{N/mm}^2$

②調合強度を決める：$F = F_m + 1.73\,\sigma$ または $F = 0.85F_m + 3\,\sigma$ の大きい方　$F = 27 + 1.73 \times 2.5 = 31.3$　$F = 0.85 \times 27 + 3 \times 2.5 = 30.5$　よって $F = 31.3\text{N/mm}^2$ を採用……………………… NOTE1

③水セメント比 W/C を決める　$F_{28} = 31.3 = -11.5 + 23.5C/W$ [1] より、$C/W = 1.82$　$W/C = 54\%$ [※1]

④スランプ15cmを得る単位水量を 180kg/m^3 と設定する [※2]

⑤単位セメント量を決める：$180/C = 54/100$ より、$C = 333\text{kg/m}^3$ [※3]
　V_C（セメント量：容積）$= 333/(3.15 \times 1000) = 0.106\text{m}^3/\text{m}^3$

⑥生コン 1m^3 当たりの骨材容積 $V(\text{m}^3/\text{m}^3)$ を求める：
　$V = 1 - (V_C + V_w + V_a) = 1 - (0.106 + 0.180 + 0.045) = 0.669$
　V_w：単位水量及び V_a：空気量の容積（m^3/m^3）…………… NOTE2
　単位粗骨材かさ容積を $0.640\text{m}^3/\text{m}^3$ と設定する。[2]

a．粗骨材容積 V_g を決める：$0.640 \times 62/100 = 0.396\text{m}^3/\text{m}^3$

b．細骨材容積 V_s を決める：$V_s = V - V_g = 0.669 - 0.396 = 0.273\text{m}^3/\text{m}^3$　細骨材率 $s/a = 0.273/0.669 = 40.8\%$

⑦AE減水材投入量はセメント重量に対しメーカー推奨値があるが、ここでは 0.7% と設定する。$333 \times 0.7/100 = 2.33\text{kg/m}^3$

以上で調合計算は終わるが、配合表には重量表示も出ているので参照。

1) 大阪兵庫生コンクリート工業組合資料（2001年4月、普通コンクリートのセメント水比と強度の関係式）による。
2) 大阪兵庫生コンクリート工業組合資料（普通骨材を用いたコンクリートの単位粗骨材かさ容積の標準値）による。

※調合に関わるチェックポイント（JASS5及び公共建築工事標準仕様書より）
※1　水セメント比 W/C の最大値 65％以下、よって OK
※2　単位水量の最大値 185kg/m³ 以下、よって OK
※3　単位セメント量の最小値 270kg/m³ 以上、よって OK

調合（配合）事例

調合条件：一般使用・標準

- 品質基準強度：$Fq = 24N/mm^2$　・$SL = 15cm$
- 空気量：4.5％
- 使用するセメント：普通ポルトランドセメント　比重 3.15
- AE 減水材使用　密度 1.06
- 呼び強度を保証する材齢　28 日
- 打ち込み後 28 日平均予想気温 18℃ 以上　$S = 3N/mm^2$
- 粗骨材　　実積率 62％ 絶乾密度 2.70
- 細骨材　　　　　　　絶乾密度 2.58
- コンクリート製造時の標準偏差　$\sigma = 2.5N/mm^2$
- 許容不良率　5％

NOTE1
生コンプラントでは σ の代わりに工場が保有する変動係数 V から得られる割り増し係数を用いて調合強度を決めている。同様に単位水量や粗骨材のかさ容積についても工場の実績値を採用できる。（いずれも生コンプラントの配合計算書を参照すればわかる）

NOTE2
生コンクリート 1m³ 当たりの容積の構成（単位 m³）

粗骨材容積 V_g	細骨材容積 V_s	セメント量容積 V_c	水容積 V_w	空気容積 V_a
骨材容積 V				

046　日頃からスランプに慣れておこう

　コンクリートを打設開始後まもなくプラントから試験担当者がやってきてスランプテストを行うが、コンクリート担当係員が関心を持つのはスランプテストの結果を見て安心するところまで。スランプテストのやり方はJISA1101に規定されている。過去1級建築施工管理技術者試験にスランプテストのやり方について問題が出たことがあるが、一度位はやっているところをしっかり観察しておいてほしい。

　ここで知っておいてほしいことは、(ホースの筒先からの生コンの流れ方を日ごろからよく観察していないと気がつかない話ではあるが) じっと筒先を見ていると生コンクリートのスランプがどうも異常だなと感じる時があるということ。極々稀な話には違いないが、過去にある現場で、コンクリートを打ち始めて間もなく筒先からの生コンの流れ方を見ていたベテラン所長がどうもスランプが異常だなあと判断し、プラントに確認を依頼したところ、配合入力時に何らかのトラブルがあり、間違った配合で出荷されたことが分かった。幸いにも打ち始めのころであったのですぐストップし、誤りのあった生コンを除去し、改めて打ち直したということが現実にあった。どう考えても異常だと判断したら、「出荷間違い」を疑い伝票を確認するとともに、配合に間違いはないかをプラントに確認する。次は「運搬時間」。出荷時のトラブルや交通事情などの異常がなかったかどうか。あまりにも柔らかいと感じる場合は「加水」行為がなされていないか監視を怠らないこと。これらに間違いがないことがわかったら、基準（SL18なら ±2.5）を超えた軟らかすぎるコンクリートは返品、固めのコンクリートは打ち込み困難等不具合が出る恐れがあると判断すれば返品する。

スランプコーン
上端内径　100mm
下端内径　200mm
高さ　　　300mm

(JISA1101、1998年)

図1　スランプコーン

図2　スランプテスト
生コン車から採取した生コンを3層に分けて詰め、各層ごとに25回づつ突き固める。この間15秒の間に行う。緩やかにスランプコーンを抜いて（引き上げる時間は高さ30cmで2〜3秒）できた山の平均あたりを読み取る（JISA1101、1998年）

軟らかすぎる　←　良　→　硬すぎる

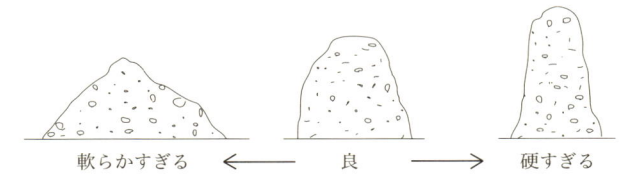

図3　スランプの形から特徴を判断する

> **NOTE**
> 小さいスランプで打設できれば、単位水量がその分減るので、ひび割れの低減には良い方向に向かうし、コストダウンにもつながるチャンスはある。例えば、工場、倉庫の土間コンクリートがスランプ **18cm** で指定されているところを打設時期（暑さ、直射日光、風）、上家の有無（直射日光や風が防げる）、揚程（スランプロス）などを勘案し、条件が整えばスランプ **15cm** に変更して打設している事例は数多くある。

3　コンクリート工事

047　テストピースの採り方を間違えないように

　さて、スランプテストが終わると、強度確認用供試体（テストピース）を採取することになるが、受入れ検査用と構造体強度管理用の2通りの採り方を間違えないようにしたい。

　構造コンクリート強度確認用の供試体は右図に示すように「異なる生コン車から採取したものをそれぞれ1本づつ組み合わせる」こと。なぜこのような取り方をするかと言うと、当日打ち込んだ生コン全体がどうだったかを把握したいので、1台の生コン車から3本とるよりも適当な間隔をおいた異なる3台の生コン車から1本づつ取ったものを組み合わせたほうが生コン車に偏らないデータが採取できるという考え方だからである。

　次に「1台の生コン車から何本テストピースを採取するか」は、状況により変わる。7日及び28日構造体用と、型枠解体用（柱及び壁のせき板用、及びスラブ・梁下用）に加え、万が一、強度が発現しなかったときの予備αを取るとなると、最初の受け入れ検査用3本も含めて7本＋αとなる。なお、供試体は1日1回、かつ生コン打設量150m^{3}ごとに1回採取することになっている。

　これらの試験は受け入れ検査、構造体コンクリート検査とも、コンクリート打ち込み日ごと、工区ごと、かつ150m^{3}またはその端数ごとに1回とカウントする。

　なお、右図に示すように構造体強度管理用供試体の養生方法はこれまでは現場水中養生であったが、2009年版JASS5では標準養生が原則となった。ただ、現場水中養生供試体によることもできるので、まずは2009年版によるのか2003年版によるのかの確認と、現場水中養生が認められるのかを確認すること。

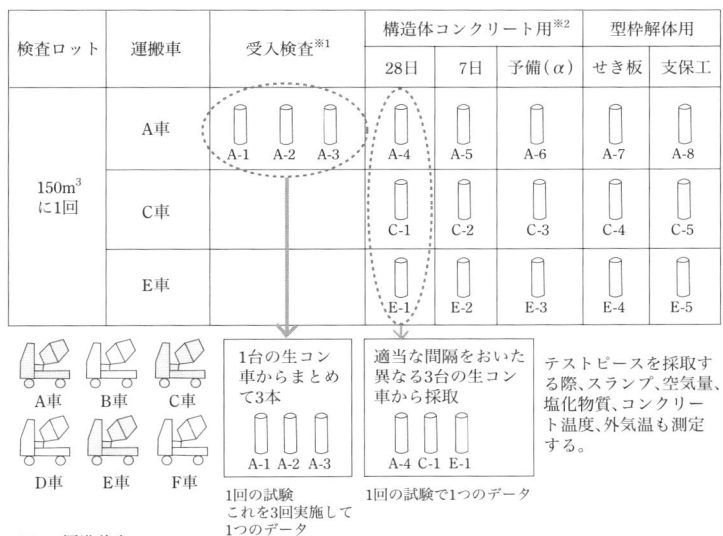

検査ロット	運搬車	受入検査※1	構造体コンクリート用※2			型枠解体用	
			28日	7日	予備(α)	せき板	支保工
150m³に1回	A車	A-1 A-2 A-3	A-4	A-5	A-6	A-7	A-8
	C車		C-1	C-2	C-3	C-4	C-5
	E車		E-1	E-2	E-3	E-4	E-5

A車 B車 C車
D車 E車 F車

1台の生コン車からまとめて3本
A-1 A-2 A-3
1回の試験
これを3回実施して1つのデータ

適当な間隔をおいた異なる3台の生コン車から採取
A-4 C-1 E-1
1回の試験で1つのデータ

テストピースを採取する際、スランプ、空気量、塩化物質、コンクリート温度、外気温も測定する。

※1 標準養生
※2 2009年版JASS5では標準養生。ただし、現場水中養生とすることもできるので、仕様書をよく見ること。

テストピースの採取方法の例

NOTE
- 構造体コンクリートの強度検査用テストピースの取り方は1回の検査につき異なる3台の生コン車から採取したものを1本ずつ組み合わせる。例えば1検査ロット目では、適当な間隔をおいたA車、C車、E車を組み合わせる。
- 受け入れ検査用テストピースは、1回の検査につき1台の生コン車からまとめて3本とることができる。例えば1検査ロット目ではA車から3本まとめて採取して良い。これを3回繰り返して1つのデータを得る。

048　コンクリートの打継ぎの要点

　コンクリート打設にあたって必ず考えなければいけないことは、「1フロアを1日で打設できるかどうか」である。判断のポイントは打込みの難易度、ポンプ車は2台付は可能か、近隣を考慮した作業時間などを勘案して、ポンプ車1台×1日の打設量（標準的には160～240m^3／バイブレータ2台・日。幅は季節、コンクリートの打込みの難易度、左官が押さえられる面積を考慮したもの）を設定し、それに見合う作業員を確保して、1日の可能な打込み数量を決める。

　（歩掛りから得られた1日の可能な打込み数量）≦（別途計算した1フロアあたりの打込み数量）となると打継ぎを設ける（工区分けする）ことになるので、どこで打継ぐか（位置）、次にどのように打継ぐか（方法は型枠の章で説明する）の打継ぎ計画を立てる。

どこで打継ぐか（位置決め）の拠りどころ：図1を参照。基本はコンクリートのせん断応力が小さいところで打継ぐと考える。

コンクリートに関連した打継ぎについて知っておいてほしいこと

①隣の工区に漏れ出したセメントのろは脆弱層なのでそのまま打継ぐと後日脱落の恐れがある。翌日高圧洗浄などで除去してから打継ぐ。

②打継ぎ部が見苦しくないようにとスラブ下や梁下に目地を設ければ断面欠損となるのでモルタル等で脱落のないよう埋める（図2）。

③滅多にないことだが、外壁に水平打継ぎ目地を見せたくないという設計者に出会うことがある。すんなり了解してしまうと、竣工後この打継ぎから漏水する恐れが大。この時は目地を設け、シールができるよう是非食い下がって欲しいが、最悪次善の策として図3のような手法も考えられる。

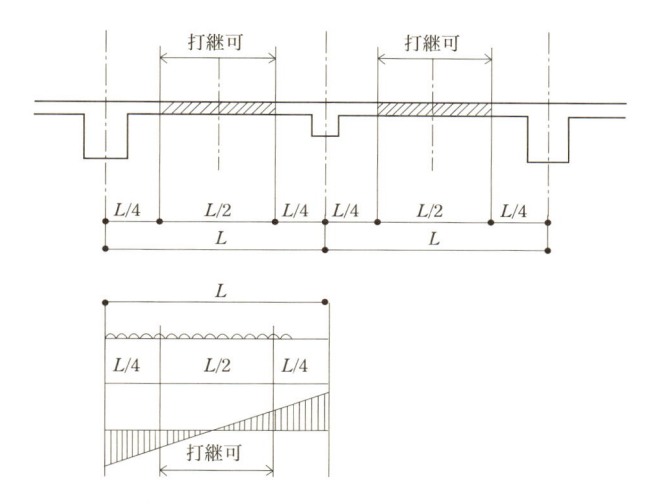

図1 梁・スラブの打継ぎ位置はせん断力の小さいところで打継ぐのが基本
（L は内法スパンを示す）

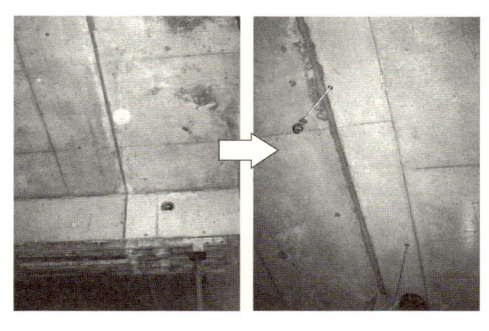

図2 スラブ下に打継ぎ目地を設ける場合、ふかすか後で接着増強材入りモルタルでしっかり充填する

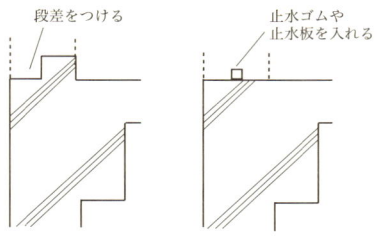

図3 打継ぎ目地を設けない場合は段差をつける、止水板や止水ゴムを入れるなどの次善の策を講じる

049 膨張コンクリートといえども収縮する

　食品、印刷関係や精密機械工場他床のひび割れを嫌う工場や倉庫の床には設計段階から膨張コンクリートを採用する事例が増えつつある。ひび割れが発生するとそこに粉塵が溜まり商品に影響があるとか、フォークリフトが走り回る場合、ひび割れ周辺のコンクリートがフォークリフトの輪圧に負けて欠け、それが粉塵となりひび割れ幅も拡大し、やはり商品や機械の稼動に影響することもあるからだ。膨張コンクリートを採用したコンクリート床の出来上がりをいくつも見てきたが、乾燥収縮ひび割れが極めて少ないのは勿論のこと、床打継ぎ部でのコンクリートの乾燥収縮による目開きも見た目には非常に小さく、費用対効果は満足できるものと思われる。

　右図は膨張コンクリートが初期の湿潤養生中に膨張し、その後乾燥収縮していくプロセスをわかりやすく表現している。このコンクリートが膨張しようとする力が鉄筋への付着力で拘束されることにより、コンクリート内部はプレストレスのメカニズムと似たような形で圧縮状態となり、後日の乾燥収縮によるひび割れを低減させる。

　膨張材を添加した乾燥収縮率の改善効果については、初期の膨張率 ε_e に加え、その後の乾燥収縮率 ε_{ex} は無添加の場合 ε_p よりも $\varepsilon_{ex} = (0.7 \sim 0.8)\varepsilon_p$ と改善が示されている。その数値的考察を NOTE に示したが、実際には湿潤養生による環境条件と膨張材添加量や鉄筋量等設計条件によって多少変化すると思われる。

　知っておいてほしいことは、膨張力を十分に発揮させるには水分（湿潤）養生と鉄筋（付着力）による拘束とが不可欠であるということと、膨張コンクリートといえども時間が経つと収縮する材料だということだ。

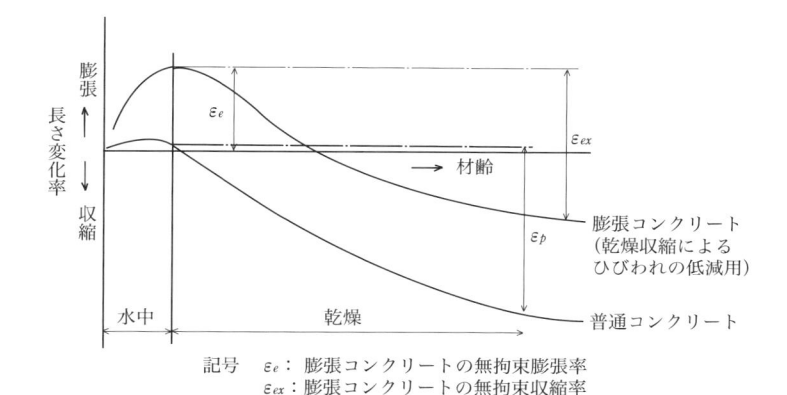

膨張コンクリート及び普通コンクリートの膨張・収縮特性曲線
(岡田哲『よくわかるコンクリート建物のひび割れ』建築技術、2003年、p.120、一家惟俊「膨張材使用によるひびわれ防止」『施工』No.109、1975年)

記号　ε_e：膨張コンクリートの無拘束膨張率
　　　ε_{ex}：膨張コンクリートの無拘束収縮率
　　　ε_p：普通コンクリートの無拘束収縮率
　　　通常 $\varepsilon_{ex} = (0.7 \sim 0.8) \varepsilon_p$

NOTE

- 膨張コンクリートはエトリンガイドと呼ばれる針状結晶を生成して膨張するタイプのものと、水酸化カルシウムサルファアルミネートなる板状結晶を生成して膨張するタイプのものとがある。
- 既往の資料から考察すると、初期の膨張作用による低減効果 ε_e は $(1.0 \sim 2.5) \times 10^{-4}$ 程度。膨張ピークからの乾燥収縮率は無添加の場合に比べて $(0.5 \sim 1.0) \times 10^{-4}$ 程度の改善が見込まれるので、トータルとして $(1.5 \sim 2.5) \times 10^{-4}$ 程度の改善効果があるものと思われるが、本文に示したように、設計条件や養生などの環境条件によって多少変化すると思われる。数値的にはこのような状況かもしれないが、これまでに筆者が見た数件の床コンクリートの施工状況は、工区の打ち継ぎ部の隙間や乾燥収縮ひび割れの発生についてはいずれも良好で、膨張コンクリートの採用には好印象を持っている。

050 バイブレータの働きを知っておこう

　バイブレータは気泡、じゃんか、す等のない密実なコンクリートを打つためには最も効果的な締め固め道具であり、広く活用されている。そこで、棒状バイブレータについて、その役割と概要、使い方、掛け過ぎるとどうなるのか、基本的なところを知っておいてコンクリート打設という実戦の場で活用してほしい。

役割　じゃんか、コールドジョイント、気泡、充填不良部などの欠陥部を防止し、密実なコンクリートを打設すること。流し込みが主役の道具ではない。

概要　①種類：主として公称棒径 45㎜ の高周波バイブレータ。②必要台数（棒状）：ポンプ車 1 台当たり筒先 2 本、締固め 1 本

使い方（図2）

①挿入間隔：50 ～ 60cm 程度場所を変えて短くかける。

② 1 回の挿入時間：8 ～ 10 秒（コンクリート打ちあがり面がほぼ水平になり表面にセメントペーストが浮き上がるころまで）。

③挿入深さ：先打ちコンクリートへ 200mm 以上入れ、上下する。

④バイブレータの当たりにくい（＝じゃんかや空洞のできやすいところ、図1）：つつき、たたきも合わせ対応する。下層とのなじみが良くなりコールドジョイントの発生量を抑え、また型枠とのなじみが良くなり、ピンホールの数も少ないと言われている。

バイブレータをかけ過ぎると

　コンクリートが分離し、かえってよくない。また、型枠バイブレータをかけすぎたり棒状バイブレータを鉄筋に直接当たりすると鉄筋を振動させて鉄筋のまわりのコンクリートが分離し、縞模様をつくることがある（図3）。

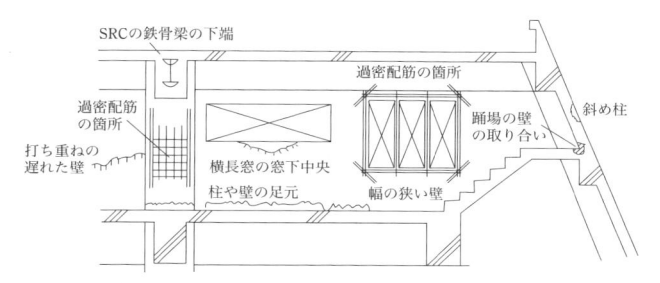

図1 バイブレータの当たりにくい所（じゃんかや空洞のできやすい部分）

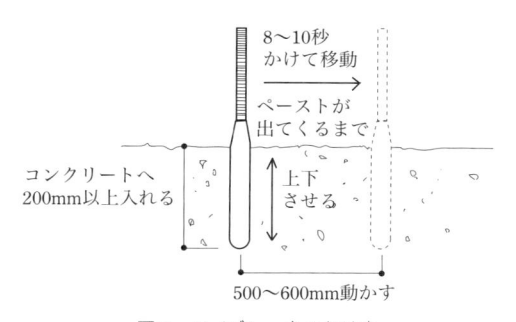

図2 バイブレータのかけ方

バイブレータは場所を変えて8〜10秒かける。かけ過ぎるとコンクリートが分離しかえってよくない。打足し面から20cm程度入れないとコールドジョイントは防止できない。

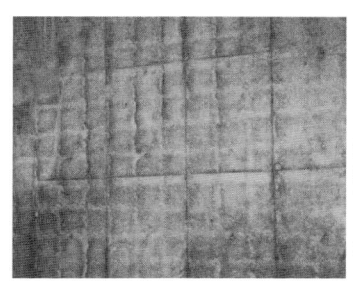

図3 型枠バイブレータのかけ過ぎによる模様
型枠バイブレータをかけ過ぎたり、棒状バイブレータ鉄筋に直接当てたりすると鉄筋周囲のコンクリートが分離して縞目状の模様ができることがある。（西田朗「特集 コンクリート工事の常識を問う 各論6:締固め」『建築技術』2002年1月、p.168）

051　降雨時のコンクリート打ちは悩ましい

　基本的に降雨が明らかに予想される日のコンクリート打ちは避けるべきだ。雨水混入によるコンクリートの強度低下や雨に打たれた脆弱層の広範囲な補修の問題など、大きな問題が少なからず残ることを知っておいてほしい。柱や壁型枠内に雨水が滞留した場合は、打ち重ね部に雨水滞留痕による不連続な層ができる。スラブが雨に打たれるとペースト分が流れ、骨材が露出して表面が脆弱層となり（右写真）、このままでは仕上げができないので広範囲な補修が必要になり、多額の費用がかかる。そうは言うものの、工程の非常に厳しい現場では「一時的な少々の雨なら…」という思いや、「雨が降るかもしれない」という程度の天候なら補修覚悟で強行したい場面もある。そこで、次善の策として補修をできる限り少なくするための一連の対策例を紹介する。

対策例

・気象情報を睨みながら、本格的な降雨が避けられないと判断される時、どの箇所でどのように打ち止めるかを決める。
・雨に打たれた脆弱部の除去計画を始め、打継ぎ（コンクリート打ち止め）面での補強・補修方法を打ち合わせしておく。
・「廻し打ち」は止め、区画を決めた「片押し打ち」とする。少なくとも梁下まで（補修に手の届く高さ）は一気に打ち上げる。
・型枠底に溜まりそうな雨水を流しだせる孔を計画的に設けておく。
・打ち上がったところは浮き水を除去、速やかにシートで覆う。
・ポンプ車のホッパーに雨水が入らないよう養生設備を設ける。
・上記対策を盛り込んだ「降雨に打たれた場合の計画書」を事前に周知し、また監理者に了解していただくことも大切な行為である。

雨に打たれた床面はペースト分が洗い流され骨材が露出した状態となる。表面は脆弱層となっているので、目荒らしの上接着増強材入りモルタルで補修することになる

> **NOTE**
> ・床面が雨に打たれた場合、表面は強度の弱い脆弱層になっているので、健全な層が見えるまで(少なくとも10mm程度)目荒らしした上で接着増強剤入りモルタルで補修するのが一般的である。
> ・工場、倉庫のようにハードな使われ方をする床の補修要領は、基本的には構造担当者との打ち合わせによるが、スラブ上筋が見えるまで床コンクリート表面を斫り取り、上筋を露出させ、清掃した上で水湿し＋コンクリートを打ち直すというような大掛かりなことになることも覚悟しなければいけない。

052　散布塗込み型床コンの泣きどころ

　工場や倉庫のコンクリート床では強度・耐磨耗性に優れ、ローコストで仕上がる散布塗込み型フェロコン仕上げの例が多い。ところが散布塗込み床で苦労したという経験を持っている人は多いと思われる。なぜかと言うと、フェロコン塗りはかんじきを履いてやっと人が歩ける程度のコンクリート床表面にセメントを混入した粉体をふるい等で散布して、コテで塗り込むという作業のため、塗り厚のばらつきによるある程度の色ムラが避けられないが、心配事はそれだけではないので苦労するのだ。

①風の強いときは、色粉が周辺に飛んで骨材が残り、均一な仕上がりにはならない。
②降雨に遭うと、雨水の混入による色むらが発生する。
③冬場の寒い時期に施工すると、フェロコン表層部分が凍結、硬化不良を起こし、色粉がセメントペースト層に完全に溶け込まない場合、水洗い（ポリッシング）すると、剥げ落ちる（色落ち）こともある。
④夏場や強い風を受ける場合は早く乾燥し、コテ塗りが上手くいかない。表面コテ均しのタイミングが遅れると、フェロコン層とコンクリート表層との間に界面が生じ、一体化が図れず剥がれが生じる。
⑤セメント系の材料のためエフロは避けにくい（図1）。
⑥散水養生で水が表層部に滞留すると、フェロコン内部や下部のコンクリートのセメント分を溶解し、空気中に析出させてエフロが起こる。
⑦カラーワックスをかけると色ムラは少し改善されるが、剥がれた時にかえって見苦しくなることがある。

　このようになかなか一筋縄ではいかない材料だ。上記の心配事に対しそれぞれの対策にしっかり取り組むことになる。

図1 濃色の塗り床はエフロレッセンスが目立ちやすい。水溜りがあれば除去しておく。

図2 散水養生後水引き後を見計らって養生シートを張る。その後資材を置いたり、作業があればキズがつかぬようにただちにベニア養生する。

NOTE
床コンクリートの強度発現を促進させるための散水養生、及び床が傷つかぬよう早めのベニア養生が必要である。そのプロセスの例を以下に紹介するので参考にしてほしい。

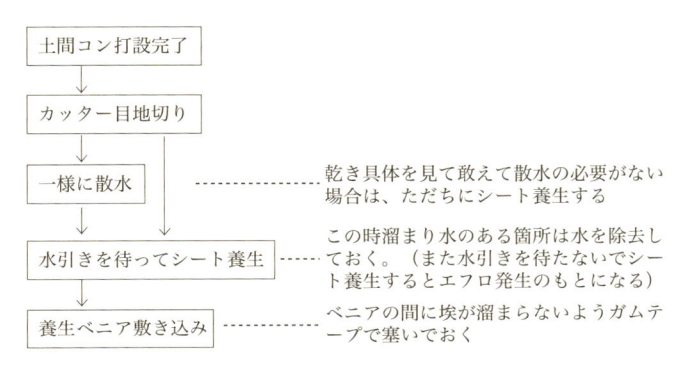

```
土間コン打設完了
    ↓
カッター目地切り
    ↓
一様に散水 ……… 乾き具体を見て敢えて散水の必要がない
                  場合は、ただちにシート養生する
    ↓
水引きを待ってシート養生 ……… この時溜まり水のある箇所は水を除去し
                                 ておく。(また水引きを待たないでシー
                                 ト養生するとエフロ発生のもとになる)
    ↓
養生ベニア敷き込み ……… ベニアの間に埃が溜まらないようガムテー
                          プで塞いでおく
```

図3 散布塗り込み床の養生プロセスと留意点

053　土間コンのひび割れを減らそう

　工場、倉庫、ショッピングセンターなどスパンの大きい1階床は大抵土間コン仕様となることが多いが、土間コンのひび割れが問題となることがある。土間コンのひび割れパターンは概ね以下のように分類できる。
①乾燥収縮による不規則なひび割れ
②工区の境界や機械基礎との取り合いでの打継ぎ部
③柱まわりや壁際の不規則なひび割れ。ピット隅部に斜めひび割れ
④支持地盤の沈下（溝堀の場合では梁際）によるひび割れ
　これらは個別に対策が必要となる。対策例を以下に紹介する。
①コンクリートの乾燥収縮による不規則なひび割れ低減対策
・単位水量を165kg/m³以下、スランプ15cm以下、または膨張コンの採用
・沈みひび割れを防止するためのタンピングの励行
・コンクリート打設は屋根、外壁施工後とし、日射や風通しを避ける
・ひび割れを拘束する鉄筋の位置が下がらぬようバー型スペーサーやスペーサーブロックで保持する
・コンクリート打設時の鉄筋乱れ防止に養生足場板（図3）
・早期ひび割れを低減するための散水及び養生シート・マットによる湿潤養生（5日間）と早期のカッター目地切り（図2）
②工区や機械基礎との取り合いでの打継ぎ部には伸縮目地及び段差（目違い）防止のためのスリップバーを入れる（図1）
③柱周り、壁際の不規則なひび割れやピット周辺の斜めひび割れの低減
・絶縁材を入れ、不規則なひび割れを避ける（図4）
・柱やピットの出隅部に斜め補強筋を入れる
④支持地盤の沈下（梁際）への配慮（**080**参照）

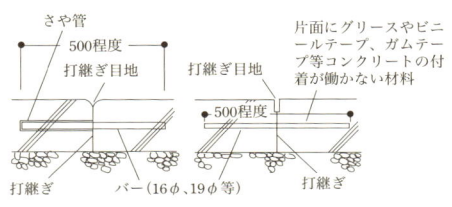

さや管
500程度
打継ぎ目地　　打継ぎ目地
片面にグリースやビニールテープ、ガムテープ等コンクリートの付着が働かない材料
500程度
打継ぎ　バー(16φ、19φ等)　打継ぎ

図1　スリップバーを用いる打継ぎ目地の例

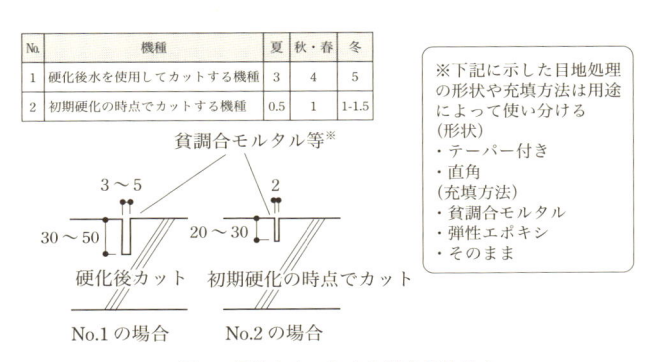

No.	機種	夏	秋・春	冬
1	硬化後水を使用してカットする機種	3	4	5
2	初期硬化の時点でカットする機種	0.5	1	1-1.5

※下記に示した目地処理の形状や充填方法は用途によって使い分ける
(形状)
・テーパー付き
・直角
(充填方法)
・貧調合モルタル
・弾性エポキシ
・そのまま

貧調合モルタル等※

3〜5　　　2
30〜50　　20〜30
硬化後カット　　初期硬化の時点でカット
No.1の場合　　No.2の場合

図2　目地をカットする材令のめやす

図3　コンクリート打ち前には作業用歩廊を作りできるだけ鉄筋を乱さぬようにしている例

図4　柱や壁周りは絶縁材を張り付け、床との取り合い部の不規則な割れが起きないようにしている例

054　年々増加している暑中のコンクリート

　平均気温が25℃を超える日が年々多くなっているように思われる。この期間に適用するコンクリートを「暑中コンクリート」と呼ぶ。コンクリート温度が高くなり、コンクリート表面からの水分の急激な蒸発によって運搬中のスランプが低下し、コンクリート打込みが困難となる。打込み後の凝結の促進により、壁のコールドジョイントや床のプラスチックひび割れの発生等の問題も生じやすいことも知っておいてほしい。施工にあたっての主な留意事項は以下の通り。

①荷卸し時のコンクリート温度35℃以下（出来れば30℃以下）を守る：搬送時間を考慮、練り混ぜから打込み終了までの時間の限度は90分を加味したプラントの選定。スランプ測定時にコンクリート温度を測定。

②打ち重ね部でのコールドジョイントを防止する：バイブレータによる再振動が可能な打重ね時間間隔の限度は120分となるよう打設する。

③型枠への事前の散水による温度上昇を防止する：打ち込まれるコンクリートが接する型枠、鉄筋、鉄骨の温度が高いと、これらに接したコンクリートの表層部は急激に水分が蒸発し、硬化不良や一体性、付着力に悪影響を及ぼす。

④スラブ筋下でのコンクリートの沈みきれつを防止する：タンピングや床こて押さえのタイミングが遅れないよう手配する。

⑤コンクリートの表面に発生する細かな初期ひび割れを防止する：直射日光や急激な乾燥にさらされるのを避け、スラブへ適時散水、噴霧したり、シートで覆うことにより湿潤養生する。

暑中コンクリートの特徴

- 外気温の上昇 → コンクリート温度の上昇
- → 急激な水分蒸発
- → 運搬中のスランプ低下
- → 打ち込み困難／打ち込み後の凝結の促進

発生する不具合

- 硬化不良―付着力不足
- 初期ひび割れ
- コールドジョイント
- じゃんか、す

対策一覧

- コンクリート温度：35℃以下
- 練り混ぜ―打込み：90分以内
- 打重ね時間間隔の限度は120分
- 型枠への散水
- タンピング、こて押さえ
- スラブへの散水養生他

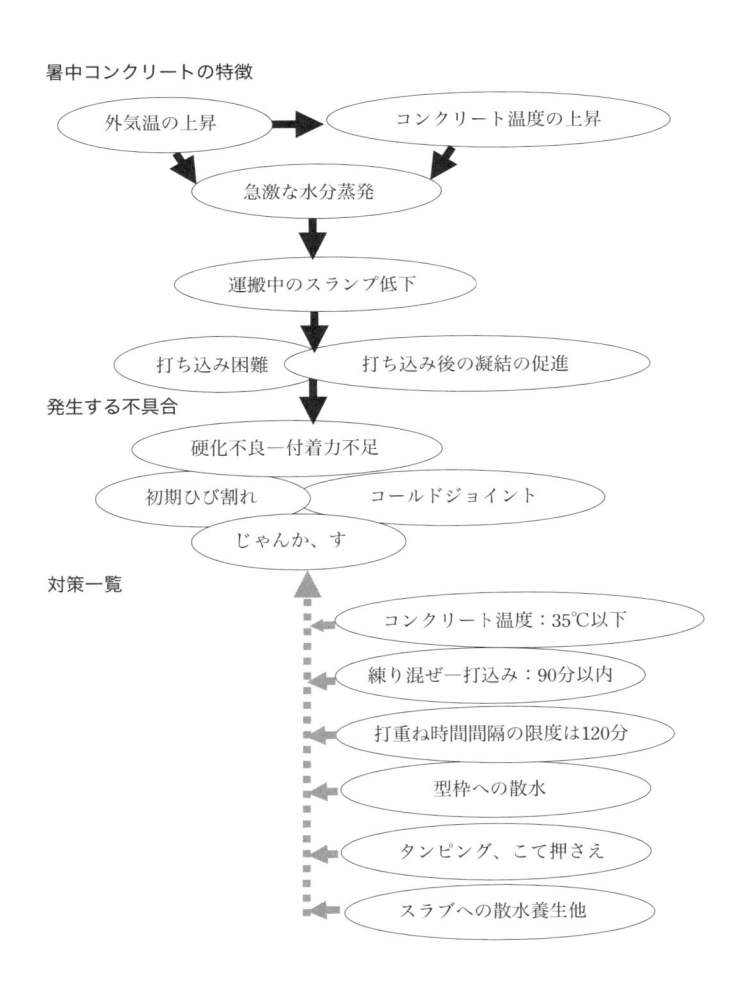

暑中のコンクリートに起因する要素とその対策

055 コンクリート強度に関する2009年版JASS5改定の要点

2009年に改定となった『日本建築学会建築工事標準仕様書（JASS5）鉄筋コンクリート工事』は既に2年を経過した。ここでは、改定の一つの要点となっている各種強度の用語の意味について（図1と対比させながら）知っておいてほしい。

① 「構造体コンクリートの強度」とは構造体から採取したコア供試体の圧縮強度のことと規定し、品質基準強度F_q以上とする（表1）。
② 「使用するコンクリートの強度」とは工事現場に供給され、構造体に打ち込まれるコンクリートのことで、その強度は材齢28日において調合管理強度F_m以上とする（表1）。
③ 「調合管理強度F_m」とは調合を管理する場合に基準となる強度のことで、品質基準強度F_qに構造体強度補正値Sを加えた値とする。
④ 「調合強度F」とは標準養生した材令m日（原則として28日）の圧縮強度のこと。
⑤ 「構造体強度補正値mSn」とは従来のT値（気温補正値）に代わるもので、標準養生供試体材令m日の強度と構造体コンクリートの材令n日の強度の差として求められる。
⑥ 「品質基準強度F_q」とは構造体コンクリートが満足すべき強度のことであり$\max(F_c、F_d)$とする。F_c：設計基準強度、F_d：耐久設計基準強度(例えば計画供用期間が標準であれば24N/mm²以上)

なお、2010年5月改定となった『公共建築工事標準仕様書』は新JASS5の内容を採用してはいるが、「構造体コンクリート強度試験の判定は現場水中養生供試体材齢28日圧縮強度試験結果で行う」など固有に決めている仕様もあるので、表2の基準から充当することになる。

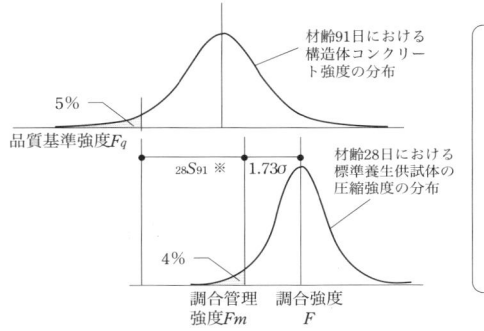

図1 構造体コンクリートの圧縮強度の分布と調合管理強度及び調合強度の関係図
(日本建築学会『建築工事標準仕様書・同解説 JASS5 鉄筋コンクリート工事 2009 年版』、p.225)

※ $_{28}S_{91}$ の値はコンクリートの打ち込み日から28日までの期間の予想平均気温 θ の範囲に応じて標準値として決められている。例えば普通ポルトランドセメントの場合
$8 \leq \theta \to 3N/mm^2$
$0 \leq \theta < 8 \to 6N/mm^2$
(暑中期間 $\theta =$

表1 構造体コンクリートの圧縮強度の基準

供試体の養生方法	試験材齢	圧縮強度の基準
コア	91 日	品質基準強度以上
標準養生	28 日	調合管理強度以上
現場水中養生または現場封かん養生※	施工上必要な材齢	施工上必要な強度

(日本建築学会『建築工事標準仕様書・同解説 JASS5 鉄筋コンクリート工事 2009 年版』、p.133)
※例えば、せき板や支保工の取り外しに必要な供試体は現場水中養生または封かん養生とする。

表2 強度管理材齢・養生方法と強度判定基準

適用部位	強度管理材齢	供試体の養生方法	強度判定基準	
一般部	28 日	標準養生	$X \geq Fm$	
	28 日	現場水中養生	平均気温20℃以上	$X \geq Fm$
	28 日	現場水中養生	平均気温20℃未満	$X \geq Fq + 3$
	28 日を超え91 日以内の n 日	現場封かん養生	$Xn \geq Fq + 3$	

(日本建築学会『建築工事標準仕様書・同解説 JASS5 鉄筋コンクリート工事 2009 年版』、p.180)
※仕様が「構造体コンクリート強度試験の判定は現場水中養生供試体材齢 28 日圧縮強度試験結果で行う」となっていれば、枠内の判定基準に倣う。

第 3 章　参考文献
・日本建築学会『建築工事標準仕様書・同解説 JASS5 鉄筋コンクリート工事』2009 年版
・日本建築学会『鉄筋コンクリート造のひび割れ対策（設計・施工）指針同解説』第 3 版、2002 年
・岡田哲『よくわかるコンクリート建物のひび割れ』建築技術、2003 年
・西田朗「特集 コンクリート工事の常識を問う 各論 6：締固め」『建築技術』2002 年 1 月

4

鉄骨工事

鉄骨工事は鉄骨建て方工事と鉄骨の品質管理に大別される。建て方工事は建て方に関連する仮設工事と合わせて現場が主体となって進めなければならない。これに対し、品質管理の分野はどちらかといえば専門工事業者が主体となって進めていくので、現場担当者は工事業者についついお任せになっている傾向がある。ここでは主として品質管理に関わる分野で、業者に任せながらも、若手技術者が今のうちに知っておいてほしい基本的な項目を取り上げる。

056 　高力ボルトは大臣認定品とJIS製品の2種類ある

　今や高力ボルトと言えばトルシア形高力ボルトの時代であるが、一口に高力ボルトと言っても、JIS製品と大臣認定品の2種類があることを知っておいてほしい。現在建築工事で使用されている高力ボルトの一覧は右表の通りだが、認定機関、ボルト頭の形状、ピンテールの有無（JIS）、座金の枚数、表示方法、締め付け方法等に相違点がある。これらを右の表によってもう少し詳しく説明する。

トルシア形高力ボルト
①建築基準法37条「大臣認定を取得した」摩擦接合用高力ボルト。
②ボルト頭にS10Tと表示。ボルト先端にはピンテールがついている。
③ボルト1個、ナット1個、座金1枚で1セットを構成。
④ボルトの引張強さが10〜12t/cm^2。
⑤締め付けプロセスは表による。

JIS六角高力ボルト
①JIS表示許可工場で製造された摩擦接合用高力六角ボルト。
②ボルト頭にF10Tと表示。
③ボルト1個（F10T）、ナット1個（F10）、座金2枚（F35）で1セットを構成。
④ボルトの引張強さが10〜12t/cm^2。
⑤締め付けプロセスは表による。

亜鉛メッキ高力ボルト
　トルシア形はなく、F10Tもない。締付けはナット回転法にて行う。材料は法37条に基づく大臣認定製品であることも知っておいてほしい。（**064**参照）

	トルシア形高力ボルト	JIS 高力六角ボルト	溶融亜鉛めっき高力ボルト
形状			
使用できる製品	国土交通大臣認定品	JISB1186 規格品	国土交通大臣認定品
機械的性質	S10T（F10Tに相当）	F10T	F8T
締付けプロセス（一次締め）	・電動式インパクトレンチ ・プリセット型トルクレンチ ・長めの柄のついたスパナ		
↓ （マーキング）	ボルト軸からナット、座金及び母材にかけて白色マーカーでマーキング		
	ピンテール／ボルト／ナット／座金／母材	マーキング／ボルト／ナット／座金／母材	
↓ （本締め）	トルシア型専用の電動締付け機でピンテールが破断するまで締め付ける	トルクコントロール法またはナット回転法にて締め付ける	ナット回転法にて締め付ける
		回転角制御機付電動締付機でナット回転120度まで締め付ける（ナット回転法）	

よく使われる高力ボルトの種類と締め付けプロセス

057　マーキングのずれ方をよく観察しよう

　トルシア形高力ボルトの締付けの合否判定はピンテールが破断すれば即合格ではなく、下記の3点を満足すべきことを知っておいてほしい。
①ボルトのピンテールが切れていること（図3）。
②ナットに付けたマーキングの座金及びプレートとなす角度が平均
　回転角 ±30°以内にあること（図1）。
③共回り、軸回り（図4）がないこと。
　この②と③は見過ごさないようにしっかり確認してほしい。

　ピンテールが切れていること：図3のように締付機のインナーソケットでボルト軸が回転しないようにボルトを固定し、アウターソケットでナットを回転させて締め付ける。従って、正しく締め付けられれば、ナットにつけたマーキングの位置のみが締付け前と異なる状態となる。

　平均回転角 ±30°以内であること：マーキングの位置のばらつき状態を調べ判定する（図1）。この時、図2のようにマーキングの付け方が揃っていないと、読み取るのに一苦労するので同一方向にマーキングするよう事前に伝えておく。

　「**共回り**」とは、ナット締め付け時ナットと座金またはボルトが一緒に回ってしまう現象。「**軸回り**」とは、ナット締付けの際、何らかの理由によりナットが回転せずにボルトのみが回転した結果、ナットが締まった現象である。これらの原因は、座金とプレートの間に水や油類が介在、または1次締めの際、座金とプレートとの間に微細な隙間（歪）ができたため、座金とプレートとの間の摩擦力が小さくなり、反力が取れなくなったことが考えられる（図4）。どちらも所定の軸力がでないので、ボルトは取り替えることになることも知っておいてほしい。

図1 マーキングのずれは平均回転角 ±30℃以内にあること

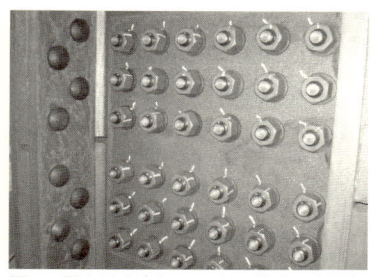

図2 異なる方向にマーキングすると回転角の状況が見にくくなる

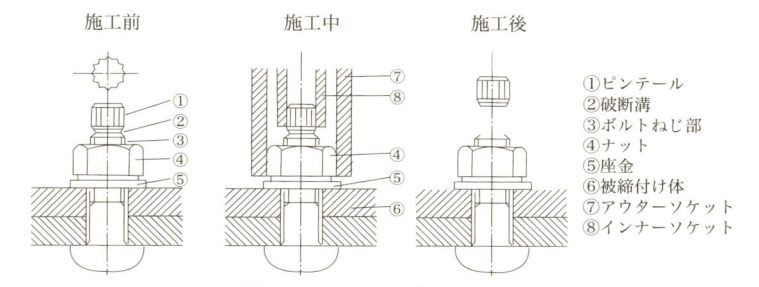

施工前　　施工中　　施工後

① ピンテール
② 破断溝
③ ボルトねじ部
④ ナット
⑤ 座金
⑥ 被締付け体
⑦ アウターソケット
⑧ インナーソケット

図3　ピンテール破断のプロセス
(㈳日本ねじ工業協会高力ボルトグループ『トルシア形高力ボルト使用の手引き(現場受入検査)』、p.4)

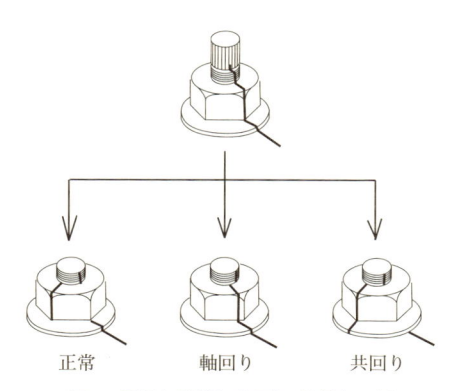

正常　　軸回り　　共回り

図4　正常な破断と共回り・軸周りの例

4　鉄骨工事

058　溶接継手を観察してみよう

　柱相互や柱と梁接合部における溶接は、応力を伝達する上で極めて大切な作業である。基準法施行令 67 条、及び告示 1464 号には溶接の継手または仕口の構造方法を定めた以下の規定がある。
①溶接部には構造耐力上支障のある割れ及び内部欠陥等がない。
②仕口のずれ、突合わせ溶接の食い違いの規定、0.3mm を超えるアンダーカットがない。
③鋼材の種類に応じた性能を有する溶接材料を使用し、適合する溶接条件で施工する。

　これらの規定を満足するため、以下の検査が実施され、検査結果は鉄骨製品検査報告書の中に記載されるので確認してほしい。
①**超音波探傷による非破壊検査**：上述の割れの他にブローホール・溶け込み不良等の内部欠陥の有無を検査し、不合格の場合は補修する。
②**隙間ゲージによる検査**：仕口のずれ、突合せ継手部での食い違いなど形状的な検査を行い、限界許容値を超える場合は補修する。
・**外観検査**：アンダーカットやのど厚不足、余盛の過大、オーバーラップ、ピット、ビード不整はゲージやスケール等を併用した外観目視検査、割れは浸透探傷試験（カラーチェック）で補修の要不要を判断する。
③**母材の強度に適合した溶接材料を使用**：仕様書と対比。
・**適合する溶接条件**：予熱温度、ルート間隔、積層順序、余盛の高さ、入熱、パス間温度等は構造耐力上支障を及ぼすことのある溶接条件なので、計画どおり管理されているか確認する。

　溶接工事は構造耐力上大切な分野だ。自ら溶接のプロセスや出来上がりの外観、検査の方法等よく現場を観察してみると勉強になる。

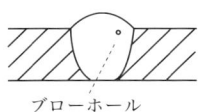

ブローホール
（溶接金属中にできた球状の空洞）

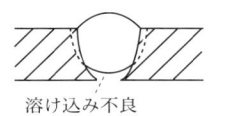

溶け込み不良
（完全に溶け込んでいない）

融合不良
（溶接境界部で溶け合っていない）

図1　ブローホール、溶け込み不良、融合不良などの内部欠陥の例

梁フランジ　柱フランジ　ダイアフラム

仕口のずれ

突合せ溶接の食い違い

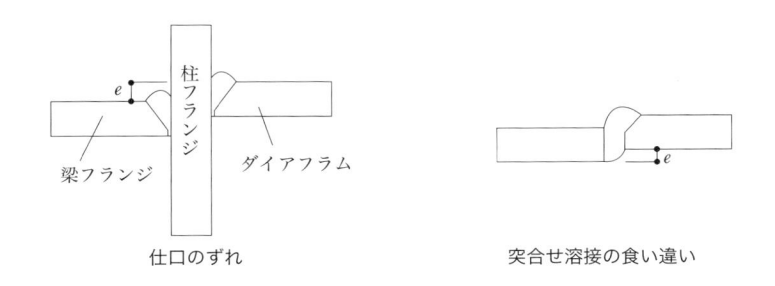

図2　仕口のずれ及び突合せ溶接の食い違い

アンダーカット
（溶接でできた止端部の溝）

オーバーラップ
（溶接金属が溢れた状態）

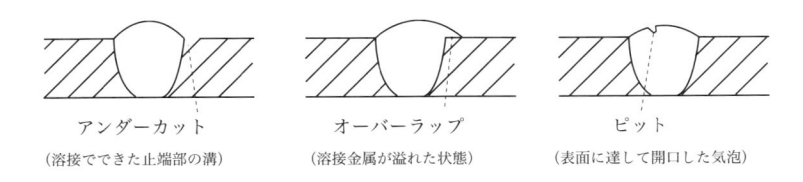

ピット
（表面に達して開口した気泡）

図3　アンダーカット、オーバーラップ、ピットなどの外部欠陥の例

059　超音波探傷検査の合否判定の見方を知ろう

　超音波探傷によって溶接部に生じる内部欠陥が見つかると、その欠陥の合否判定をどのように仕分けているのか、その見方を板厚25mmの場合について斜角一探触法で検査するという事例に沿って概略紹介する。

①探査はフランジ幅(事例では250)全長にわたり探触子を走査する。
②欠陥は探傷器に現れるエコーの高さで判断する。通常はⅡ～Ⅴの領域を欠陥の探査対象としている(事例ではエコーⅢにつき採用)。
③合否判定の対象となる欠陥を「欠陥指示長さ」と呼び、右図③の値以上とする(事例では120mm＞25/4により欠陥対象として選択)。
④判定の対象として取り上げた欠陥指示長さを下記aまたはbに仕分け、「欠陥評価長さ」と呼び、合否判定の対象とする。

a. 単位溶接線※(事例では250)内に単独で存在する欠陥の場合、欠陥指示長さをそのまま「欠陥評価長さ」とする(事例では120mm)。
b. 単位溶接線内に複数のキズが存在する場合（詳細説明省略）

⑤採用した「欠陥評価長さ」の単位溶接線ごとの合否判定は③で選択された欠陥指示長さ(120mm)が、エコー高さの領域に応じて定められた欠陥評価長さの区分(右図⑤-1：事例ではML)、及び板厚によって決められた「欠陥評価長さの境界値(右図⑤-2)」より大か小かで行う。事例ではエコー領域ⅢはML領域となり、板厚25mmのML領域での境界値は、⑤-2によりt(＝25)である。欠陥評価長さ120mmは表の値(25mm)以上あるので、単位溶接線は不合格となる。

※評価の単位となる溶接長さが300㎜未満の場合、その長さ全長を「単位溶接線」とする。300㎜を超える場合、キズの最も多いところの300㎜を「単位溶接線」とする。
　日本建築学会『鋼構造建築溶接部の超音波探傷基準・同解説』を参照のこと。

超音波探傷検査の合否判定の見方の例
（フランジ幅250、板厚25、レ形開先）

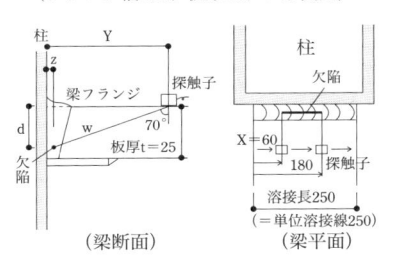

（梁断面） （梁平面）

① フランジ幅全長にわたり走査

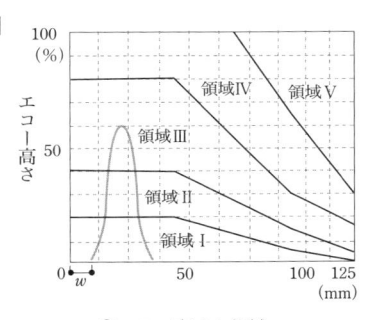

② エコー高さと領域
（日本建築学会『鋼構造建築溶接部の超音波探傷検査基準同解説 2008 年版』p.60）

⑤-1 引張応力が作用する溶接部

エコー高さの領域		欠陥評価長さ	欠陥評価長さの総和
斜角一探触子法または垂直探傷法	タンデム探傷法		
II	III	L	LL
III, IV	III	ML	L
V	IV	M	ML

（日本建築学会『鋼構造建築溶接部の超音波探傷検査基準同解説 2008 年版』）

⑤-2へ

検査結果表

検査箇所	開先	板厚 (mm)	溶接長 (mm)	探傷屈折角 (度)	欠陥位置(mm) X	Y	W	d	Z	領域	欠陥の範囲 (mm)	欠陥指示長さ l(mm)	欠陥評価長さ L(mm)	欠陥評価長さ総和 ΣL(mm)	判定
A-1-2-S-UF	レ型	25	250	70	・	・	・	・	・	III	60～180	120	120	120	不合格

④

③ 欠陥指示長さの最小値

被検材の厚さ(mm)	欠陥指示長さ(mm)
9以上20以下	5
20を超え48以下	t/4
48を超えるもの	12

（日本建築学会『鋼構造建築溶接部の超音波探傷検査基準同解説2008年版』p.96）

板厚25だから
t/4＝25/4＜120mm
よって合否判定の対象となるので⑤-2へ

⑤-2 欠陥評価長さの境界値

板厚(mm)	S	M	ML	L	LL
9以上20以下	10	15	20	30	40
20を超え48以下	t/2	3・t/4	t	3・t/2	2・t
48を超えるもの	24	36	46	72	96

（日本建築学会『鋼構造建築溶接部の超音波探傷検査基準同解説2008年版』p.98）

t＝25＜120mm
よって不合格

060　パス間温度の管理とは？

　溶接継手は板厚によって溶接パス数が異なる。「溶接パス」とは溶接継ぎ手に沿って行う1回の溶接操作のこと。例えば、入熱40KJ/cm、下向き溶接という条件では、板厚12mmなら3パス、板厚25mmなら9パス、32mmなら12パスが標準的な積層回数である。

　「パス間温度」とは、これら多パス溶接において次のパスを始める前のパスの最低温度を言う。このパス間温度が注目されるのは、入熱の増加やパス間温度の上昇によって金属材料の降伏点や引張り強さが低下する傾向が見られるからであり、「入熱やパス間温度は溶接金属の強度・靭性に大きな影響を与える」と言われていることを知っておいてほしい。パス間温度の管理温度は鋼材の種類、溶接材料、入熱によって350℃、250℃の2通りに分けられている。

　図1で説明しよう。板厚が25mmの継手を入熱40KJ/cm、パス間温度が350℃以下の条件の下に5パスで仕上げる計画とする。グラフが示すように、2パスからは各パスごとに350℃を超えるので、350℃以下に冷却されるまでの待ち時間が発生する。そこで、予め何パス目から350℃を超えるのか、また次のパスまでの待ち時間がどのくらいかを把握すれば、手待ちすることなく次の溶接部に移動してまた戻ってくるようなサイクル作業ができて効率が良い。戻ってきたら作業前に温度チョークまたは表面温度計で350℃以下になっていることを確認し溶接を行う（図2）。この一連の管理方法を「パス間温度の管理」と言う。温度チョークは色が変化するタイプと溶けないで残るタイプがある。350℃、250℃用とそれぞれ色分けされている。測定位置は開先先端より10mmの位置に30mm程度塗布する（図3）。

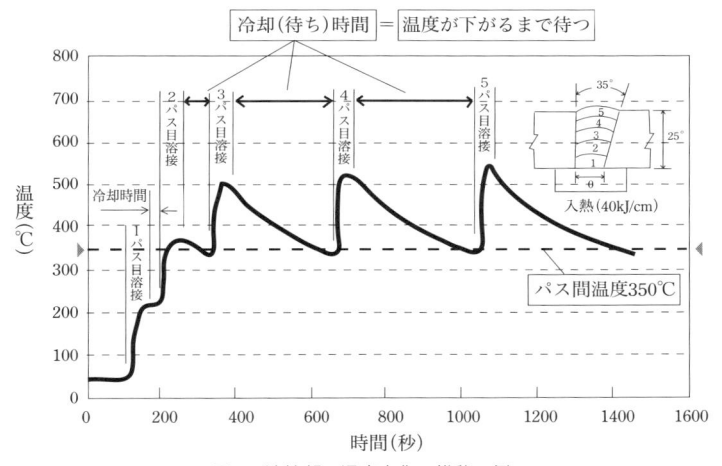

図1 溶接部の温度変化の推移の例

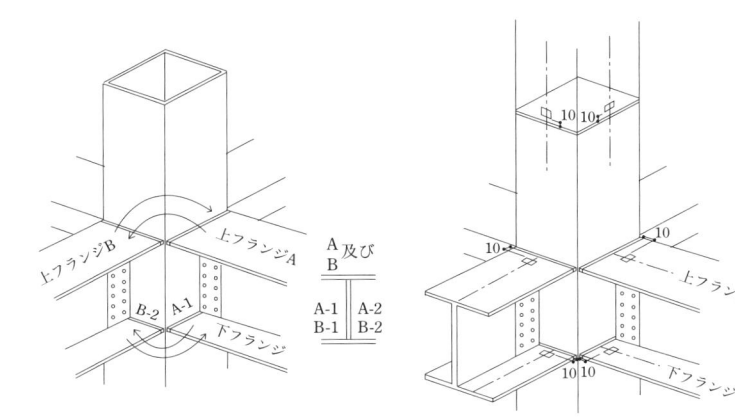

図2 冷却するまで次の部位に回り、戻ってきたらチョークで確認し、次のパスの溶接作業を行う（例：A-1 → B-1 → A-2 → B-2 等）

図3 温度チョーク塗布位置

061　鉄骨骨組みの倒壊防止に細心の注意を

　一般に鉄骨骨組みは本締めまで行って初めて地震・強風・積雪などの外力に対して所定の耐力を発揮するが、新聞でも報じられているように（図1）、建方中の倒壊等の事故防止は勿論、本締め完了後も倒壊等の危険性があると言われているいくつかのケースがある。

SRC造の場合
①柱－梁仕口部で梁ウェブがボルト、フランジが突合せ溶接のもの。
②床面積当たりの鉄骨量が少ないもの（50kg/m² 以下）。
③強弱断面性能に大きな差（弱軸断面性能小）があるもの。

S造の場合
①搭状建物（高さが20m以上のもの）でスパンと高さの比が h/l が4以上のもの（補強ワイヤやブレースが効かない（図2）。
②柱－梁仕口部で梁フランジが現場突合せ溶接のもの(SRCと同様)。

対策にあたっての考え方
・骨組の安定計算を行い、不安定なら補強ワイヤやブレースを配置する。
・建方を一気に行い、その後に建ち直し、仮締め、本締めを行うことが可能かどうか事前検討しておく。不可ならブレース補強または（柱梁）床コンクリート打設と組み合わせながら順次建て方を進める必要がある。
・柱－梁仕口部が梁フランジは溶接、ウェブはボルト接合の場合、溶接が完了するまで柱と梁の接合部はピン接合状態であり、水平力に対して抵抗しきれない場合、ブレース補強や（柱梁）床コンクリート打設と組み合わせて順次建て方を進める。
・ベースモルタルは建て直しの容易なまんじゅう形は転倒しやすく危険。200～300の角または丸形の平坦な形とする（図3）。

図1　本締が完了した後でも突風による鉄骨骨組みの倒壊事故が起きることがある
(左：1985年8月31日西日本新聞、中：1990年12月1日中日新聞、右：1996年3月31日朝日新聞)

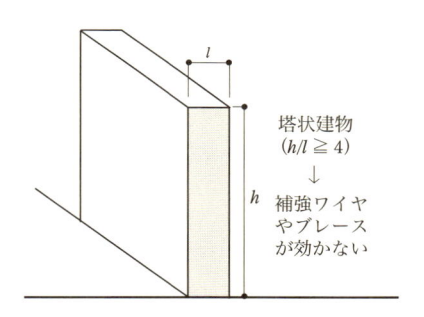

図2　塔状建物は順次建て方を進めるのが基本

塔状建物
($h/l \geqq 4$)
↓
補強ワイヤ
やブレース
が効かない

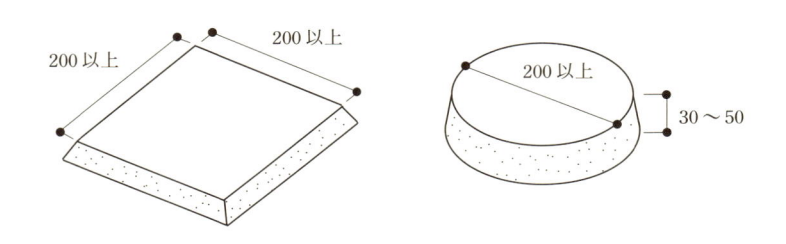

200以上　200以上　30～50

図3　ベースモルタルの望ましい形状

4　鉄骨工事

062　建ち直しワイヤが不要な建方治具を活用

　最近2節目以降の建方時に建ち直しワイヤの不要な建方治具が普及しているので紹介する。どのようなものかまずはボックス型柱を例にとって作業（使い方）の手順を紹介する。

手順
①柱建方時、治具を4面の専用エレクションピースにセットする（図1）。
②スパナでボルトを調整しながら柱の建ちを修正する。同時に目違い修正ボルトで目違いを修正する（図2）。
③建ち直しを終えた柱間に梁を吊りこむ。
④本締め終了後柱間の溶接を行い、完了後、治具を取り外す。

特徴
①治具を使って柱の倒れ、レベル、目違い精度の調整ができる。
②治具で柱の精度を修正後、梁を入れ込むので梁はスムーズに入る。
③歪直しワイヤが不要なので、尻手をコンクリート床に埋め込んでおく作業が不要。
④歪直しワイヤが不要なので、作業スペースが広く使える。特に、小規模な建物では、例えばデッキ敷き込みや設備工事や仕上げ工事のための内部足場組立のような後続の作業の邪魔にならないし、資材の建屋内への搬入もできるのでお奨めの治具だ。

　なお、第1節目の建方に利用する治具もある（図3）。右図のようにベースプレートの高さを治具で微調整することによって、柱の倒れの精度を修正する。本締め完了後アンカーボルトを締め付けて治具を取り外す。

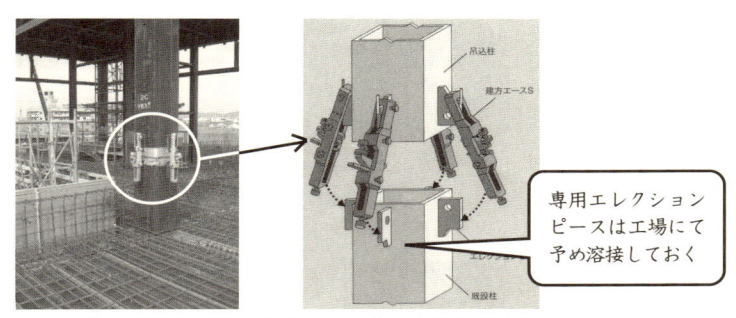

図1 治具を4面のエレクションピースに取り付ける

専用エレクションピースは工場にて予め溶接しておく

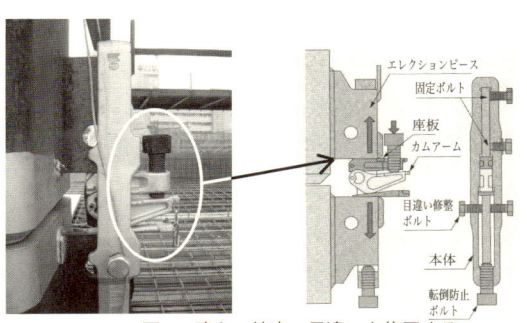

図2 建ちの精度、目違いを修正する

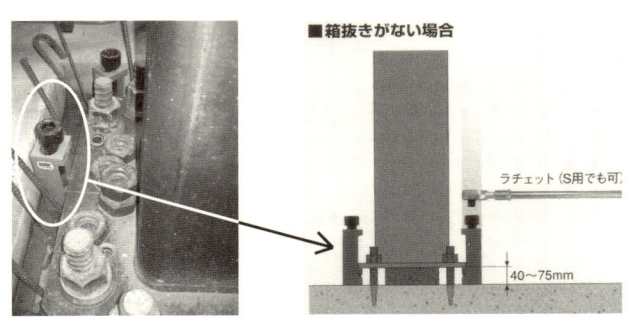

■箱抜きがない場合

図3 ベースプレートで建ちの精度を修正する
(図1～3右列：テクノス株式会社カタログ『建方エース（鉄骨建方システム・S造SRC造）』及び『建方ベース（鉄骨建方システム・ベース用）』より)

4 鉄骨工事

063　塗装や溶接をしてはいけないところ

　柱、梁、ブレースなどの鉄骨部材は加工組立て後、錆止め塗装を1回工場にて施しておいて、現場に搬入するのが通常である。この時、「塗装してはいけないところや塗装の必要のないところ」があることを知っておいてほしい。どのようなところかと言うと、
①コンクリートに埋め込まれる部分（図1、図3）
②高力ボルト接合の摩擦面（図2）
③現場溶接を行う箇所、及び超音波探傷に支障となる範囲（溶接線をはさんで両側それぞれ 7t かつ 100mm〔t は部材厚〕の範囲）
④竣工後室内の湿度条件が常時 70% を下回ると考えられる部位は錆の心配が少ないので錆止め塗装の必要性は低い。ただし、高層建築のように外装仕上げまでの間に鉄部の表面に付着している錆び汁や錆び粉が飛散して近隣のベランダや停車中の車などに付着しトラブルとなる事例もあるので、外周部は錆止め塗装しておくことが望ましい(図4)。耐火被覆を行う場合、その下地となる鉄骨錆止め塗料はアルカリに強い鉛丹系かエポキシ系塗料を使用する。

現場で本体鉄骨に安易に溶接してはいけないところ

　タラップ、手摺などの仮設ピースや、ボード下地の胴縁やランナーなどの取り付けピース、型枠スラブ引きセパレータ、梁鉄筋を受けるかんざし等は現場で安易に取り付けると主要構造部である梁や柱を傷めて強度や靭性が低下するので、予め環境の整った工場にて取り付ける（図5）。現場取り付けとならざるを得ない場合、有資格者が溶接時の余熱や余長などの溶接条件を守って溶接を行うこと。また、セパレータを鉄筋に固定するクリップなどの治具もあるので、それらを利用する。

図1　コンクリートに埋め込まれる柱脚部

図2　摩擦接合部

図3　コンクリートに埋め込まれるSRC部

図4　外周部の鉄骨は錆止め塗装しておくと無難

図5　工場溶接されたアングルピースに現場でかんざしプレートをボルトで固定する。かんざし両端部に梁筋転び止めまでついている例

064　溶融亜鉛メッキ鉄骨の基礎知識

　外部階段や工場等の庇の骨組に錆に強い溶融亜鉛メッキ鉄骨が使用される事例がとみに増加しつつある。この場合、**056**で説明したように、接合部には溶融亜鉛メッキ高力ボルトが使われる。そこで、溶融亜鉛メッキ鉄骨、及び溶融亜鉛メッキ高力ボルトに関して知っておいてほしい基礎知識を紹介する。

①溶融亜鉛メッキ鉄骨に使用する高力ボルトは法37条第2号大臣認定を取得した溶融亜鉛メッキ六角高力ボルトを使用する（図2）。

②認定された製作要領、及び設計施工指針に基づいて設計、施工することが条件となっているので、実際の施工要領や現物が認定条件と異なっていないか照合する。

③ボルト締付けは亜鉛メッキ高力ボルト施工の有資格者が施工する。

④メッキの付着量（一般には）550g/m²以上を確認する。

⑤摩擦接合面は母材、添板ともサンダーまたはブラスト処理等目荒らしをしてすべり係数0.4以上を確保する（図3）。

⑥締付けは1次締め（呼び径ごとに締付けトルク値あり）プリセット型トルクレンチ使用→マーキング→本締め（ナット回転法用電動レンチ等にて120°回転させる）とする。

⑦締付け後、目視検査によりマーキング後の回転角が120±30°の範囲にあるものを合格とする（図4）。

　なお、溶融亜鉛メッキ鉄骨は溶融亜鉛メッキの付着量が550g/m²あればそのままでも、（例えば、市街地では）30年程度は錆から保護できると言われているが、経年による色ムラが美観上見苦しくなったら表面に塗装をかけることもある。

図1 溶融亜鉛メッキ鉄骨の状況

図2 溶融亜鉛メッキ高力ボルトはJISB1186に準じたF8Tを使用

図3 摩擦接合面はブラストまたはサンダーで目あらしを行い、すべり係数を0.4以上確保する

図4 高力ボルト本締め後、回転角が120°±30°であることを確認する

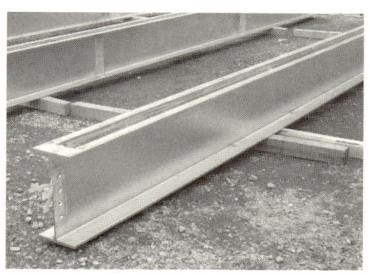

図5 スタッドボルトを打つところのみ塗装から保護した事例

065 焼抜き栓とスタッド溶接のポイント

焼抜き栓溶接で知っておいてほしいこと

焼抜き栓溶接は、デッキプレートを梁に密着させ、床スラブから伝達されるせん断力を梁に伝える接合方法の一つである。従来は建設大臣（現国土交通大臣）認定を取得していたが、基準法改定により（平成14年告示第326号）デッキプレートと梁を接合する一般構法となり、施工は「合成スラブ工業会標準仕様」によることとなっている。施工手順は『建築工事監理指針』（図3）の通りだが、知っておいてほしい要点は以下のとおり。

① デッキプレートと梁フランジとの隙間は2mm以下。
② 余盛の径は18mm以上（図2）。中心距離は60cm以下。
③ 焼き切れや余盛不足がないように、溶融金属が隙間に入りにくく容易にデッキプレート端に盛り上げられる低水素系被覆アーク溶接棒を使用する。棒径はφ4mmを使用する。
④ デッキプレートの厚さは1.6mm以下。
⑤ 溶接位置について端あき、へりあきは溶接栓中心部から25mm（告示は20mm）以上。

スタッド溶接で知っておいてほしいこと

スタッドはスラブの応力を梁に伝達したり、鉄骨柱脚の応力を柱コンクリートに伝達するコネクタの役割を果たす。要点は以下の通り。

① 溶接面に水分、ミルスケール、錆、塗料、亜鉛メッキなどがないこと。割れ、スラグ巻き込み、アンダーカット等の溶接欠陥がないこと。
② デッキプレートを貫通して行う場合は施工試験を行うこと。
③ 15°の角度までハンマーで曲げ試験を行い、溶接部に割れなどの欠陥が生じなければ合格とする（図5）。

図1 焼き抜き栓溶接が使用されている合成床板

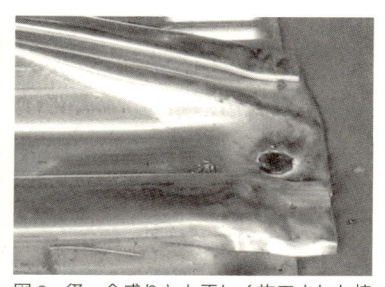

図2 径、余盛りとも正しく施工された焼き抜き栓溶接

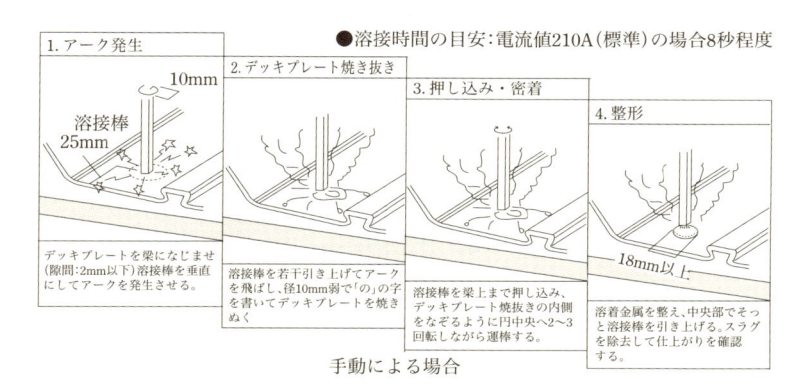

●溶接時間の目安:電流値210A(標準)の場合8秒程度

1. アーク発生
溶接棒 25mm
10mm
デッキプレートを梁になじませ(隙間:2mm以下)溶接棒を垂直にしてアークを発生させる。

2. デッキプレート焼き抜き
溶接棒を若干引き上げてアークを飛ばし、径10mm弱で「の」の字を書いてデッキプレートを焼きぬく

3. 押し込み・密着
溶接棒を梁まで押し込み、デッキプレート焼抜きの内側をなぞるように円中央へ2~3回転しながら運棒する。

4. 整形
18mm以上
溶着金属を整え、中央部でそっと溶接棒を引き上げる。スラグを除去して仕上がりを確認する。

手動による場合

図3 焼き抜き栓溶接の施工方法の例
(国土交通省監修『建築工事監理指針平成22年度版』上巻、p.546)

図4 糸を張り高さと通りを確認したスタッド溶接

図5 15度曲げ試験を行い、根元に割れ等の欠陥がなければ合格

One Point　アークストライクの禁止

　アークを溶接部でなく、母材でスパークさせ、それがショートビードとなって母材にキズがついたものがアークストライクである。急熱急冷効果によりアークストライクを起こした周辺の金属組織は硬く脆くなっており、下の写真のように割れが発生することもある。仮設溶接や仕上げ時にまま見つかることがあるので、眼を光らせてもらいたい。

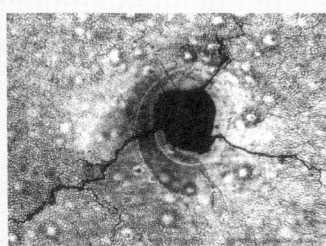

アークストライク現象とその拡大写真
(日本溶接技術センター監修、AW検定協議会・CIW検査事業者協議会他編纂『上級技術者のための建築鉄骨外観検査の手引き』鋼構造出版、1996年、p.13、p.50)

第4章　参考文献

・国土交通省監修『建築工事監理指針平成22年度版』
・日本建築学会『鋼構造建築溶接部の超音波探傷検査基準同解説』2008年版
・日本ねじ工業協会『トルシャ形高力ボルト使用の手引き（現場受入検査）』2002年

5

型枠工事

　型枠は基本的にはコンクリートを流し込むいわば「鋳型」の役割を果たすが、型枠材料の使い方や組み方等施工方法如何によっては打ちあがったコンクリートの「顔」の良否や「構造体としての性能」をも左右することがある。また、忘れた頃に「型枠の倒壊事故」に遭遇するという「作業の安全性の問題」もある。勿論「生産性の向上」に繋がる話も大いにある。そこで、第5章では、筆者がこれまでに得た知見の中から、若手技術者の皆さんに知っておいてほしいことを取り上げる。

066　打放しコンクリートでの留意点

　打放しコンクリートによく使用されるせき板材料として杉板と合板がある。知っておいてほしい要点を以下に紹介する。

杉板の場合（図1）

・杉板は乾燥収縮による反りや捩れが強い性質があるので、本実加工して型枠合板に張り付ける。表面に剥離材を塗装するとあくや硬化不良のもととなる糖分が出にくいメリットはあるが、塗布した分、板目模様が幾分薄れる傾向がある。杉板や松材の板目模様など木目模様を意匠とする打放しコンクリートの場合、予め試験打ちを行い、木目の出具合、コンクリート打上がりの色合いなどが設計者のニーズに合っているかどうかを剥離剤使用の可否を含めて監理者に見てもらう。

・あく抜きは数日間灰汁、石灰水のようなアルカリ液に浸漬させる。

・乾燥した杉板に隙間が出てきたら、コンクリート打ち3日前頃に適時散水する。逆に雨天時に吸水し過ぎると杉板が変形してしまうので、組みあがったらシート養生すると良い（図2）。

その他一般的な留意事項

・塗装合板を使用しない場合、打設時に混入した気泡が木目に付着して抜けにくい分気泡が目立つことがある。

・型枠パネルどうしの目違いや隙間からのノロ（セメントペースト）漏れやピン角の砂の縞は見栄えを損うので、パネルどうしの密着、治具による締付け、桟の間にテープを挟み込むなどの対策がある。

・Pコンは外壁のデザインとなる（図3）ので、割付して監理者の承認を受ける。

・せき板取り外し時期を揃える。長く存置したところは色が濃くなる。

図1 杉板本実の仕上がり状況。剥離材を使用していない。杉板の風合いがきめ細かに表現されている

図2 杉板本実柱の雨養生の例

図3 外部階段室の壁面。ベニヤ及びPコンの割付、出隅・入り隅の欠き込みや通り、目違いがないこと、目地の通り等すべてが綺麗に仕上がっていて、型枠に求められる項目をすべて満たしている

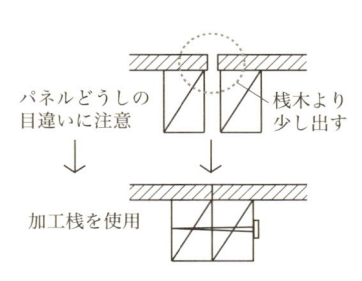

パネルどうしの目違いに注意
桟木より少し出す
加工桟を使用

パネルどうしの密着 　　　　パネルどうしの締付け治具の例

図4 パネルジョイントからノロ漏れさせない

5 型枠工事

067　ビーム式工法・デッキプレート工法の倒壊に注意

ビーム式工法の留意点

　ビーム式工法はフラットデッキ工法と並んでよく採用される。スラブ下に支保工が不要となるので、コンクリート打ちの時、作業スペースが広がり、安全かつ作業効率が良い。また、スラブ支保工取り外し時の危険作業がなくなる。ただし、忘れた頃にではあるが、コンクリート打設中の型枠・支保工の倒壊事故が起きることがあるので、ビーム式工法を採用するときの要点を知っておいてほしい。

①ビームにかかる荷重が梁側型枠にかかってくる(図1)ので、梁側型枠の耐力を計算し座屈防止を図る。梁背の高さに応じてビームのかかる位置に縦桟木を入れ、セパレータの段数を増やす(図3)。

②梁下の支保工はダブルとし、水平力に対してバランスをとる（図4、図5）。

③型枠にかかる水平力は通常設計荷重（＝固定荷重＋積載荷重150kg/m^2）の5％として抵抗力を算出する。ブレース材は単管や支保工などを用いる（図5）。

④鉄筋材料等をスラブに載せる場合は積載荷重を上乗せ計算し、それに見合った補強をしておく。そこ以外に載せてはならない(図6)。

⑤梁側型枠へのかかり代としてビーム端部を梁型枠内側へのみ込ませるが、その跡処理として樹脂入りモルタルで埋めておく。

デッキプレート工法の留意点

①デッキプレートが脱落しないよう梁内に10mm程度かかり代としてのみ込ませてあるか(釘留めピッチは200mm程度)確認する。鉄骨梁にかける場合50mmとする(図7)

②中間支保工が必要な場合、支保工が不安定な状態にないか確認する。

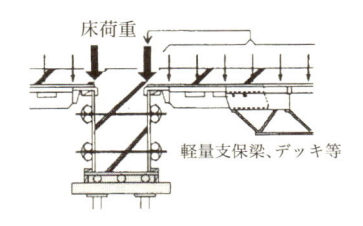

図1　スラブの荷重はビーム端部から梁側型枠に伝達

図2　縦桟による梁側の補強

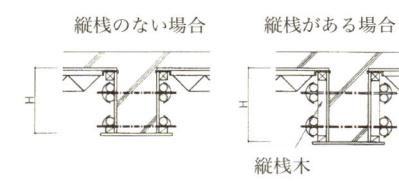

図3　縦桟による梁側の補強の例

図4　梁下支保工はダブルで

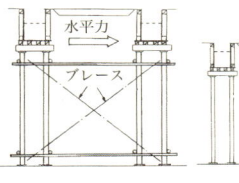

図5　水平力に対し
　　　ブレース補強

図6　資材置き場の
　　　補強例

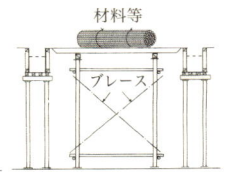

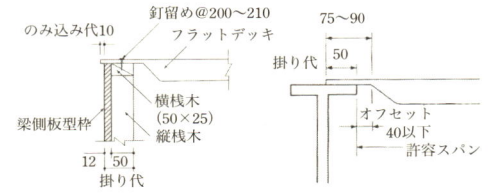

図7　デッキプレート型枠の端部かかり代（左：RC造、右：鉄骨造）
（国土交通省監修『建築工事監理指針平成22年度版』上巻、p.409）

5　型枠工事

068　トラス筋付デッキ型枠：力の伝達メカニズム

　「トラス筋付きデッキ型枠」とは溶融亜鉛メッキ鋼板上にトラス形状の吊り筋を溶接止めし、その吊り筋に保持された主筋が荷重を受け持つ「スラブ筋付き床型枠」工場製品である（図1、2）。

トラス筋付デッキ型枠の特徴
・薄肉PC床板に比べて軽いので、運搬が手作業でできる。
・ラチス筋を配する主筋が板の剛性を高めているので、一般のデッキプレートに比べより長スパンに対応できる。
・床板をセットした時点で残る配筋作業は配力筋の配筋（上筋のみ）と梁を跨いで主筋に添筋を配筋する作業のみとなる。

力の伝達メカニズムと施工上の要点
　コンクリート打設時鋼板にかかる荷重は鋼板から吊り筋に伝わり主筋に伝達される（図2）。発生する曲げ応力のうち圧縮力は上端主筋で、引張力は下端主筋でそれぞれ負担する。コンクリート打設時の床板の強度（NOTE参照）は、引張には強いが圧縮に対しては座屈荷重を超えると上端筋が座屈してしまい（図1右）、瞬時に抵抗力を失い、床板の崩落につながることがある。従って、床コンクリート打設が完了するまでの間に上端主筋の変形や切断について「格別の注意」が必要であることを知っておいてほしい。

①いかなる理由があろうとも鉄筋を勝手に切断させないこと。やむを得ず切断する場合、下部にサポート等何らかの補強が必要になる。
②過荷重にならないこと。上筋の座屈で決まる（メーカーで示される）許容施工荷重を上回らないこと。
③RC造の場合の梁下サポートの要点は **067** と同様である。

図1 鉄骨梁に取り付けられたトラス筋付デッキ型枠の状況(左)と破壊実験時の上端筋の座屈(右)(以上フェローデッキ)の例

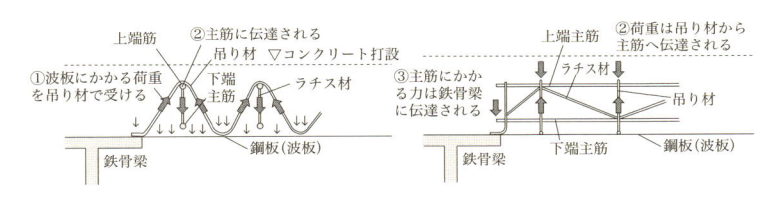

①→②→③:コンクリート自重及び作業荷重が鉄骨梁に伝達されるプロセス

図2 トラス筋付デッキ型枠における荷重の伝達はデッキプレート→吊り筋→主筋→鉄骨梁へと伝わっていく

> **NOTE** トラス筋付きデッキ型枠の材料強度
>
> フェローデッキを例にとると、コンクリート打設時の施工荷重は、「デッキ自重(鉄筋含む)+コンクリート重量+積載荷重」である。積載荷重は安全衛生規則から150kg/m²を採用している。これに対する材料強度は破壊実験(図1右)で求めた終局荷重のデータから平均値Xと標準偏差σを求め、(X−3σ)/1.5を上端筋の許容圧縮応力度として採用している。統計的な見方をすれば「非常に安全な数値」と言えるが、データのばらつきが人命に関わることもありうることを考慮すれば、充分な安全性を確保したいという姿勢が窺える。

069　急施工向けコンクリート打込み型枠

　図1は筆者が現場巡回で出会った型枠である。当現場はまさに急施工の現場で工期短縮のための可能な工法をできる限り採用する必要があった。躯体工事では型枠に関する工業化工法が工期短縮に最も効果があるので、梁に一体成形鋼板型枠、床にデッキ型枠を採用して速やかに仕上げ工事に移りつつあった。

一体成形形鋼板梁型枠の特徴

・工場で梁形を所定の寸法に加工して（図4）現場に搬入、現場では梁受け用支保工の上に揚重して固定するだけである。
・図2のように梁背900まではセパレータが不要なので組立、解体が早く済む。
・打込み型枠なので、せき板取り外し、残材搬出という作業がない。
・設備スリーブは位置が確定しておれば工場にて梁型成形時に組み込むことができる（図3）。
・鋼板はキーストンプレート厚0.5（梁背800まで）及び0.8mm（梁背800～1000）である。

　なお、基礎、地中梁に使用する場合、鋼板型枠が山止め壁の代用をすることができるので、型枠組み立て後、コンクリート打設前に基礎及び地中梁周辺の埋め戻しを行い、コンクリート足場を不要とし、型枠解体作業もないので、トータルコスト削減や工期短縮にもつなげることができる。

留意点

・コンクリート表面に現れる不具合が目視できないので、コンクリート打込み作業をしっかりやること。梁下支保工組立てにあたっては **067** に述べた要点と同じである。

図1 打込み用一体成形鋼板型枠（セコフォーム）の状況

図2 セパレータ及び締め付けバタは梁背900まで不要

図3 スリーブは工場加工して梁型枠と一体で搬入

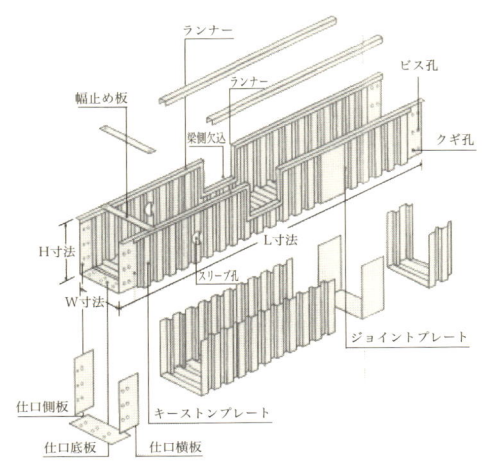

図4 打込み用一体成形鋼板型枠のパーツの例（資料提供：株式会社テクネット）

070　明かりがとれる型枠は省エネにも貢献

　現在使用されている合板型枠は熱帯雨林で伐採された南洋材（ラワン材）が主に使用されているが、熱帯雨林保護の観点から、南洋材に代わる型枠材として針葉樹型枠やプラスチック型枠が開発、実用化されている。プラスチック型枠の特徴は、①剥離性が良く転用回数が多いこと：合板型枠（7〜8回程度）に比べて20回程度。②リサイクルが可能なこと：使用済の型枠は回収し成形材料として再使用できる。

　しかしながら、合板型枠に比べイニシャルコストが高いことと切断や釘打ちなどの加工性の点から、合板に代わるほどの勢いはない。

　3番目の特徴としてここで紹介したいのは、「透光性の良さ」である。現場を見て実感したことであるが、スラブにプラスチック型枠を部分的にでも使うと、その下は仮設照明が不要になるほど隅々まで明るい（下の写真）。内部での作業も快適で、コンクリートで覆われるまで仮設照明はほとんど不要となり、省エネ効果があるばかりでなく、実に快適である。窓の少ない建物や中廊下があって中央部に自然光が届きにくい建物の場合、仮設照明を補う有効な省エネ資材である。

プラスチック型枠を明り取りに使用した例

071 「あばたもえくぼ」にはならない？

　アクリルまたはウレタン塗装された合板を使用する場合はこのような心配はほとんどないと言えるが、無塗装合板を使用すると、打設したコンクリートの表面を釘などで引っ掻いただけでボロボロと落ちることがある。これは型枠と接しているコンクリート表面が硬化不良を起こしたためである。原因はコンクリートのアルカリ分と合板に含まれている樹脂やリグニン、糖類が反応したことによる。合板の色が黄色、白、赤の順で硬化不良が起こりやすいと言われている。硬化不良や着色現象は一般の剥離剤を塗布しただけでは防げないようだ。

　硬化不良を起こした表層はコンクリート表面強度が不足している脆弱層なので、安易に表面を補修してタイルでも張ってしまうと将来浮きや剥落につながる恐れがある。表面の状況をよく観察して表層の不良部分は除去した後、水湿しを行い、接着増強材入りモルタルをしっかり塗りこんでおくなどの処置を講じる。

コンクリートの表面が硬化不良を起こすとざらついた状態となり、触れると粉状に剥落したり板状に剥離したりする

072　構造スリットを歪ませない

　「構造スリット」とは、腰壁や垂れ壁、袖壁などを柱から切り離して、柱の曲げ変形性能を高めるために設けた空間を言う。スリットに要求される性能は層間変形追従・耐火・水密・遮音性能を有することであり、仕様書を確認してほしい。色々な製品が販売されているが、いずれも止水部、耐火部、緩衝部、及びスリット支持部で構成されている（図1）。

支持方法：以下の方法があるが、①が多い。
①支持金物をセパレータに掛けて支持する
②スリットを型枠の補助桟に挟みつけて支持する
③長釘でスリットを貫いて型枠に固定する　等

施工にあたって知っておいてほしいこと
①コンクリート打設時、側圧に負けてスリットが歪まないこと
・メーカーの推奨するセパレータや釘のピッチを守る。
・壁厚や階高に応じたコンクリート打込み手順と1回の打込み高さ（柱から壁の繰り返しでそれぞれ概ね1m程度）に配慮する。
・型枠にスリットの位置表示をすると注意喚起ができる（図5）
・腰壁が柱の間にある場合は腰壁のみ後打ちすると良い
②スリットに囲まれた壁が地震時面外方向に動かないようにスリットに振れ止め筋（ダボ筋：図2、3）を配するが、特記のない場合、水平スリット部のみ配筋すれば良い（監理者と協議する）。
③振れ止め筋には地震時にかかる荷重を低減すべく緩衝材(ポリエチレン材厚み8mm程度)を被せる。耐久性の観点から防錆塗装を施す。
④曲がってしまった場合の処置は監理者との協議の必要がある。スリットの幅以上曲がったら通常補修〜打ち直しを選択することになる。

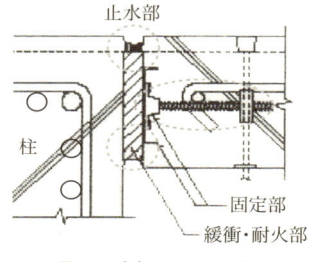

図1　垂直スリットの例

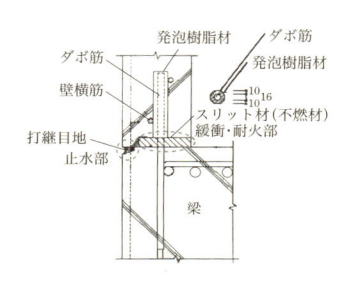

（止水部、柱、固定部、緩衝・耐火部）

図2　水平スリットの例

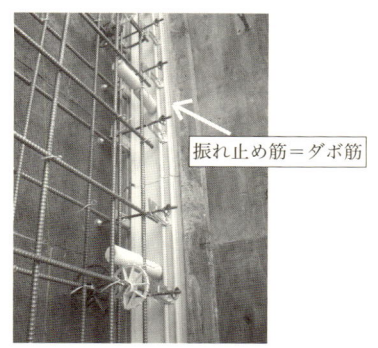

（ダボ筋、発泡樹脂材、壁横筋、スリット材（不燃材）、緩衝・耐火部、打継目地、止水部、梁）

図3　垂直スリットの取り付け例

（振れ止め筋＝ダボ筋）

図4　垂直スリットを真直ぐ打ち込んだ例

図5　垂直スリットの取り付け位置を示した例

073　コンクリート打継ぎ型枠の留意点

打継ぎ方法のいろいろ

　工区内のコンクリートの垂直打継ぎには以下のような止め型枠（打継ぎ型枠）が採用される。

a. バラ板・桟木と端太角（図5参照）　b. すだれ
c. ラス網、エキスパンドメタル（図1〜3）
d. その他打継ぎ専用資材（図4）

　以下に施工上の留意点を右ページの写真とともに示す。

打継ぎ型枠の留意点

①梁や外壁面に打継ぎ目地を設ける場合、誘発目地位置と合わせたい。合わない場合打継ぎ目地現し、または隠し目地を考える。

②梁の垂直打継ぎにメタルラスを使う場合、錆がコンクリート梁側表面に出ないようメタルラスを打継ぎ目地の内側で止めてかぶり厚さを確保する（図2）。

③床の打継ぎにエキスパンドメタルを使用する場合、エキスパンドメタルの下端の隙間が大きいとコンクリートが漏れやすい（図3）。

④デッキプレートやビームを使ってスラブ下支保工をなくす場合、打継ぎ部を中央に設けると後打ち部コンクリートの荷重により若材令の先打ち部コンクリートの梁際に曲げひび割れが起きることがあるので、打継ぎは梁上（S造）または梁際とする（監理者と協議が必要）。

⑤打継ぎ側にはみ出したペーストを除去したり洗い流しできる掃除口を設けておく(図1点線部)。はみ出したコンクリートのこぼれなどの脆弱層は高圧洗浄やワイヤブラシを用いて除去しておく。

⑥打継ぎ位置については **048** を参照。

図1 ラス網を使用した梁打継ぎ。手前に掃除口が設けてある(点線部)

図2 ラス網を使用した梁打継ぎ。錆び防止のため縦目地内側にてラスを止めてある

図3 エキスパンドメタルを使用したスラブ打継ぎ。網の下の隙間が大きいとそこからコンクリートが次の工区に漏れ出すので注意する

図4 専用資材(エアフェンス・スポコン)を使用した梁及び床打継ぎ

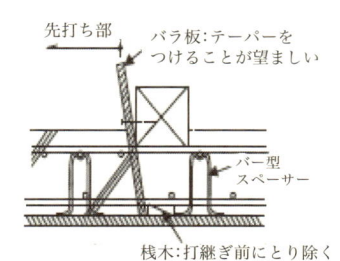

図5 桟木やバラ板を使用した従来の床打継ぎ方法(日本建築学会『建築工事標準仕様書・同解説 JASS5 鉄筋コンクリート工事』2003年版、p.241)

074 スラブ下支保工は Fc 未満でも取り外しできる

　施工中の荷重によって床スラブに生じる有害な曲げひび割れや撓みを防止するため、現行JASS5では「スラブ下の支保工取り外しは梁下と同様コンクリートの圧縮強度が設計基準強度に達したことが確認されるまでとすること。ただし適切な計算方法により荷重を安全に支持できるだけの圧縮強度を実際のコンクリートの強度が上回ることが確認できればより早く取り外しができる」としている。その確認項目とは、①計算によって求めた施工荷重≦設計荷重×1.5、②施工荷重によって生じるσ_0が許容曲げ応力度以下：$\sigma_0 \leq 0.51\sqrt{F_c}$、③コンクリートの圧縮強度が12N/mm²以上（2層受けの場合コンクリート打ち込み後2日以上）、の条件を満たせば設計基準強度（Fc）未満でも支保工取外しが可能となることを知っておいてほしい。手順と留意点を図1、2に示した。

メリット

　この方法を適正に活用すれば以下のメリットが生まれる。

a. 型枠、支保工の転用効率が上がる

b. 存置型枠や支保工が早く片付くので仕上工事に着手しやすい

残存支保工の活用

　上記①②を満たすために残存支保工（図3、4）をあらかじめ設定すれば、施工荷重を小さくすることができる。残存支保工は盛替ができないので、支保工とその支保工に支持されている型枠の割り付け計画が必要である。また、支保工の取り外しは上階のコンクリートに有害な振動を与えないために打ち込み後2日以上経過してからとする。計算の詳細はJASS5、及び「型枠の設計・施工指針」を参照されたい。

2層受け(コンクリート打込み時に支える層数2)
(1層受けでは支保工の早期転用ができない場合)

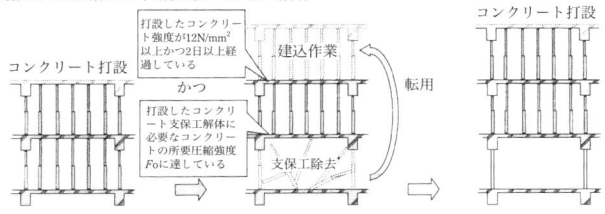

図1　2層受けで早期解体の手順

打設したコンクリート強度が12N/mm²以上かつ2日以上経過している

かつ

打設したコンクリート支保工解体に必要なコンクリートの所要圧縮強度Foに達している

建込作業

支保工除去

転用

コンクリート打設

スラブに加わる施工荷重に対する最大曲げモーメント M の算定 → 最大曲げ応力度 σ_0 の算定 $\sigma_0 = M/Z$ (N/mm²) → $\sigma_0 < 0.51\sqrt{F_c}$ (許容曲げ応力度) から F_c を支保工取り外し可能な所要圧縮強度に変換 $F_0 = \sigma_0^2/0.51^2$ (N/mm²)

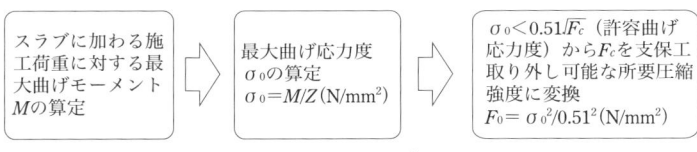

図2　早期解体の計算手順

NOTE　計算に当たっての考え方：施工荷重に対しスラブコンクリート内部に生じる最大曲げ応力度を算出、$\sigma_0 < 0.51\sqrt{F_c}$ から支保工取り外し可能な所要圧縮強度 F_0 を求め（$F_0 < F_c$）、打ち込みから x 日を経た供試体の圧縮強度 F_x が F_0 を上回っていることが確認できれば、支保工を X 日目で取り外すことができる。

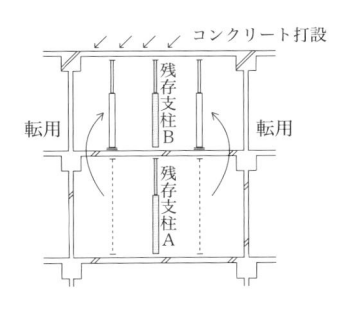

図3　残存支柱（一層受けの場合）

図4　跳ね出しスラブの残存支保工設置例
予め残存すべき型枠材と支保工を割り付けておいて支柱の盛り替えなしに実施すること

5　型枠工事

075　敷き桟・敷きベニヤからノロを漏らさない工夫

　コンクリートスラブ上に柱や壁型枠を建て込む前に、まず敷き桟をスラブの上に打ちつけ、その上にレベル調整用薄ベニヤを数枚積み重ね、それから型枠を建て込む。

　敷き桟は型枠の位置決めと建込みのために使用するが、敷き桟どうしを隙間なく突きつけても、逆にあちこち隙間が開きすぎても駄目である。独立柱型枠の場合、隙間なく敷き詰めると、コンクリートを打ち込んだ際、ノロ（セメントペースト）がスラブに洩れ出さなくて良いのだが、反面、降雨があったとき水が抜けにくいという問題がある（図1）。コンクリート打ちの前日や当日朝、強い降雨があったとき、雨水を抜かないまま独立柱にコンクリートを打ち込んでしまうと、打継ぎ部の強度に問題を残すことが考えられるので、柱型枠下部に設けた掃除口と同じ位置で敷き桟に隙間を作り、コンクリート打ち前に塞ぐようにしたい。

　敷きベニヤでレベル調整を行なう際、ベニヤ間に隙間があると、そこからノロが洩れ出す。昔はコンクリート打ちの前日に貧調合モルタルで所謂「根巻き」をやるのが通例であったが（図2）、今はやらなくなった。根巻きをやらなくても専用の市販品があるが、あまり使われていない。ノロの抜けが大き過ぎると補修が必要となるが、監理者の了解がないまま補修しないように。補修工事は「修理して特採」に該当する。補修要領を監理者に示して了解をもらってから補修すること。なお、敷きベニヤの間に発泡ポリエチレン材を敷きこんで隙間を塞いでいた現場やこれに類する市販品を使用している現場があるが、いずれも打ちあがりは良好で好事例と言える（図3、4）。

図1　独立柱で敷き桟を隙間なく敷き詰めると降雨時に水が滞留してしまうので、掃除口を兼ねてどこかに隙間を作っておく

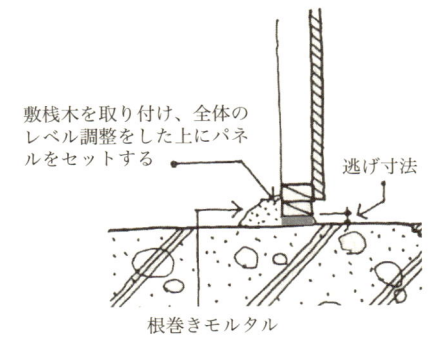

敷桟木を取り付け、全体のレベル調整をした上にパネルをセットする

逃げ寸法

根巻きモルタル

図2　パネルの間からペースト漏れを防ぐため、昔は「根巻き」と称してパネルの下端を貧調合モルタルで埋めた時代があったが、今は床の精度が良くなったこともあり、コストダウン上ほとんどやらなくなった

図3　敷きベニヤの間に発泡材を敷きこんでノロ漏れを防ぐ

図4　発泡材を敷きこんだ効果が出ている

5　型枠工事

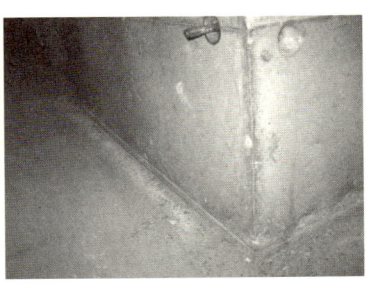

One Point
コンクリート表面に現れる色もいろいろ
○型枠材による色違い

　コンクリートと接している部分がアルカリに溶け、タンニン、リグニンなど有色化合物がコンクリート表面に染み出て褐色、茶褐色を呈することがある。光のあたるところに顕著なのは光合成の影響もあると考えられる。

○剥離材による色違い

　剥離材を現場で塗布する際に、塗りすぎたり、未乾燥のうちにコンクリートを打設すると、黒いしみが出ることがある。また、剥離材塗布後、長時間日光に晒されると、紫外線の影響で剥離材が化学反応を起こし、コンクリート表面が黒くなることがある。

○湿潤養生による色違い

　何回か使用したベニヤの中に新たなコーティング合板が混じると、同じ時期に脱型しても合板表面の透水性の差によって色違いが生じる（写真）。新しい合板を使ったコンクリート表面は湿潤養生効果により水和が進み、表面が緻密で黒く見える（**040** 参照）ものと考えられる。

第5章　参考文献
・国土交通省監修『建築工事監理指針平成 22 年度版』

6

土工事・杭工事

土工事とは文字通り土を扱う工事である。根切、山止め、排水が主要業務だ。技術者も施工中の山止めや掘削に関連する事故の防止または竣工後の建物の不同沈下や地盤沈下に関わるトラブルの防止に役立つ土の種類や基本的な性質をある程度は知っておいてほしい。この章では地盤調査報告書の要点を含めて、沈下に関して知っておいてほしいことを中心にまとめた。杭工事は建物の荷重を支持地盤に伝える非常に大切な役割を担っている。従って、管理ポイントは「杭底が支持層に到達したかの確認」だ。次に大切なのは「杭の位置」である。位置を間違えると偏芯の問題が発生し力が上手く伝わらなくなるので建物と杭に支障が生じる。この2点を肝に銘じておいてもらいたい。

076　地盤調査報告書で注目してほしいこと

「記事」まで読もう：若手技術者はどちらかと言えば地盤調査報告書をじっくり読む機会はほとんどないと思われるが、見たこともない人は是非一度手にとって見て（できれば読んで）ほしい。地盤調査報告書にはこれから建設しようとする土地とその周辺の地形・地質に関する歴史や、土地の標高及び孔内水位、土質名、層厚、色（＝杭工事で土質の確認に必要）、相対密度・N値、及びそれらの特徴に関するコメント（＝「記事」と称している。ここまで読めば土に関する興味も少しは湧いてくると思われる）などが柱状図の中に記されている。施工にあたっては、上述したすべての情報がGLの設定、山止め、排水や掘削工事、杭地業工事等多方面に活用されている。

土質調査は一般にボーリング調査が主流：

　ボーリング調査による1mごとの標準貫入試験（170頁の図参照）結果、サンプリング試料の観察結果（記事）、孔内水位、標高などがボーリング柱状図に表現されている。

地盤調査報告書で注目してほしいこと：

・基本的なところを171頁の表1に解説した。
・特に軟弱な地盤、水位の高い砂地盤、粘性土の下部に被圧水が存在する地盤は基礎・地下工事中のヒービングやボイリングに伴う山止め壁の変形や崩壊、壁面間からの異常出水などの例があるので要注意。
・礫層、玉石層はN値が高めに出るので、過大評価しないこと。
・ボーリング地点間の土質断面図をつくり、標高と現場のベンチマークとを合わせ、支持層の傾斜の程度まで確認し、杭先端が支持層に達していないということがないように。

077　造成地盤の中味は不均質？

　すべての建築物はどのような基礎であれ最終的には地盤で支持されている。地盤とは「土」をマクロで見た呼称であり、建築物を建てるにあたり硬い地盤とか軟弱地盤などと称している。土は粒子の大きさによって171頁表2のように礫、砂、シルト、粘土に分類されていることは常識として知っておいてほしい。詳しい話は専門書に譲るが、一般にはこれらが混じり合い、その構成比率によって、例えば砂質シルト等と呼称している。礫、砂、シルト、粘土は粒度試験によって区分することができるが、こすったり揉んだりした後の観察によってある程度は判断できる。

　さて、ここで知っておいてほしいのは軟弱地盤及び造成地盤についてである。「軟弱地盤」とは、柔らかい粘土、シルト、有機質土、緩い砂などの土で構成され、建物を支えることができない地盤であり、掘削にあたっては山止め壁の変位とそれに伴う周辺の地盤沈下に十分注意しなければならない。一方「造成地盤」とは、人工的に埋め立てあるいは盛土された地盤である。いつも良質な土によって造成されているとは限らないし、玉石や礫や粘性土、腐植土（稀にはコンクリート塊）などが混在していることもあるので、全体に不均質、従ってその締め固まり度合いは大きなばらつきがあり、沈下も十分収束していない。よって、柱状図に記載されているN値だけでは力学的性状を判断しかねることが多い。このような地盤は通常地盤改良工事が設計仕様にあるが、地盤改良があっても、過去そこに池や沼地があったが今は埋め立てられていることが地盤調査報告書から窺える場合、浅層処理のみでは改良部の下層の軟弱部が沈下して床の不陸につながる恐れが大きいので改良杭が必要なことがある。

NOTE 標準貫入試験（JISA1219）とは（右図）63.5kgのハンマー（おもり）を76±1cmの高さから自由落下させてサンプラーを土中に30cm貫入させるのに要する打撃回数を測定する試験。この試験はボーリング調査と併用され、1mごとに行われる。

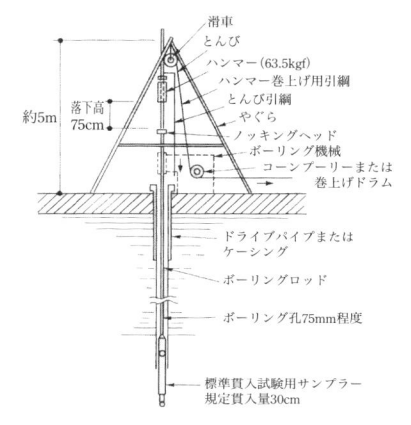

標準貫入試験略図
（日本建築学会『建築基礎設計のための地盤調査計画指針』、1995年、p.162）

NOTE
・砂質土と粘性土はN値が同一であってもその組成、及び力学特性は大きく異なるのでN値のみで判断すると過ちを犯す。表現も（粘性土）柔らかい〜固い、（砂質土）緩い〜締まった等異なった表現で示される。
・N値とは「土の強さまたは固さの指標」である。どうやって得られるかというと、標準貫入試験（上図）用サンプラーを地中に30cm貫入させるのに必要な打撃回数で得られる。表1の「モンケン自沈」とはハンマーを置いただけで30cm沈んでしまう状態で、N値は0（ゼロ）と記載される。

表1　柱状図から注目したいポイント

注目層	注目点	予想される不具合
沖積粘土層	軟弱、支持力に劣る「モンケン自沈」「N値0」の記述あり	・掘削工事中の仮設通路の軟弱化 ・山止壁の撓みによる地下躯体断面欠損 ・粘土層の下層の被圧水による異常出水 ・土間コンの場合床の不同沈下 ・打込杭の場合、杭打ちによる近隣建物や工作物の側方流動
沖積砂層	地下水位が高い場合	・工事中山止め壁からの漏水とその影響による周辺地盤や道路の陥没 ・地下水汲み上げによる周辺地盤沈下や井戸枯れ ・竣工後の地下外壁からの漏水 ・液状化
礫層、玉石層	密な礫層、玉石の存在	・玉石や礫に当たり杭の曲がりや高止まり
盛土、埋立層	玉石、コンクリート塊やスラグの混入	・コンクリートガラや玉石混入による杭の曲がり、打ち込み困難 ・竣工後の地盤沈下や建物の沈下 ・スラグの吸水膨張による基礎や土間コンの浮き上がり
腐植土、産業廃棄物による埋め立て土	軟弱層	竣工後の地盤沈下と建物の沈下

表2　粒径による土粒子の区分と工学的分類に用いる構成分の呼び名

粒径		$5\mu m$　　$75\mu m$　　$425\mu m$　　$2mm$　　$4.75mm$　　$19mm$　　$75mm$					
粒径区分	粘土	シルト	細砂	粗砂	細礫	中礫	粗礫
			砂		礫		
構成分	細粒分		砂分		礫分		
			粗粒分				

(日本建築学会『建築基礎設計のための地盤調査計画指針』1995年、p.185)

078　土中埋設配管はメンテ不能

　土中埋設配管は日常のメンテができないので、土中のどこかで一旦破損するとその修復は非常に困難を伴うことを知っておいてほしい。

　建物自体は杭で支持され安定していても、配管が埋設されている1階床下の土の沈下が進行すると、配管自体は地盤からの支持力を失うと同時に配管上部の土が荷重となる可能性も考えられる。土間コンクリートスラブの場合はスラブ自体も沈下することがあり、配管の支持状態はますます悪くなる。構造スラブであれば配管自体の重みは吊金物で何とか支持できるだろうが、長い間には地震もあり地盤や建物は上下左右に揺れる。結局、応力上弱点となりがちな配管分岐点にあたる継ぎ手ソケット部や90度曲がりのエルボウ部のような箇所で破損し水漏れを引き起こす。水漏れを起こすとその水が管周辺の砂分を洗い流して隙間も拡大する。厄介なのは一旦どこかで破損すると、土中に埋設された配管故にどこから漏れているのかよく分からないので、ファイバースコープで検索するか、配管経路に沿ってコンクリート床まで壊して水漏れ箇所を特定し、配管を補修、または取り替えた後スラブを復旧することになる。

　土の沈下が進行する恐れのある地盤とは **076** で紹介した軟弱地盤だ。その上に盛土造成した土地の場合はなおさら要注意である。造成にあたり盛土の所は（盛土材料や締め固め方法にもよるが）盛土自体の沈下と盛土の荷重を受ける下層の柔らかい粘性土の圧密沈下（右図）の両方が影響すると考えられるので、その分沈下量も増える。結論として、右の「事例」で提案されているような、沈下の影響を受けないピット内配管、またはトレンチ内配管に改善してほしい。

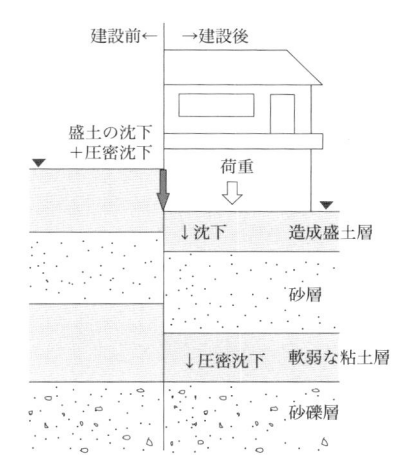

盛土層の沈下と軟弱な粘土層の圧密沈下が建物や土中埋設配管に悪影響を及ぼす

土間下埋設配管のピット内またはトレンチ配管への変更を検討した事例

(㈳大阪建設業協会『若手技術者のための知っておきたい設備工事』2010年7月、p.52より)

竣工1年後に、1階便所の土間下に埋設した給水管(HIVP)、排水管(VP)が埋め戻し土の沈下とともに不同沈下を起こし、その継手部が破損した。そのため、漏水および排水不良が起こった。

○原因
地盤沈下対策として、埋設管用の支持材を設置していた。しかし、埋め戻し、割栗石敷き、鉄筋工事の過程で支持材が数ヶ所倒れ、コンクリートに打ち込むことができず、支持不足となり配管が破損したと思われる。

○防止策
土間下埋設配管は工事中の外力や地盤沈下による破損、勾配不足および配管の腐食に加え、土間自体も沈下するなど問題が多く、しかも施工後の保守点検が不可能に近い。このため、設計段階で、ピット内、またはトレンチ内配管とするよう計画し、土間下埋設配管は避ける。

079　知っておきたいシロアリの基礎知識

　若手技術者のほとんどはシロアリを直接見たことがないと思う。筆者は木造住宅である実家を含め何度かシロアリそのものと食害された木軸を見聞した。我が家の床下もシロアリ駆除対策をしている。

　シロアリと言えば、主食は木材なので木造住宅に見られることが多いが、4月から7月にかけての移動の季節に庭などどこか住宅の近辺に巣をつくり、その後、住宅の風呂場、浴室、台所まわりの木部に足を伸ばすケースがあるので、住宅を建てたこと（＝施工上の問題）が直接原因かどうかはよくわからないのが実情だ。

　何はともあれ、RC造やS造でも例えば地中梁底受け、隠蔽部の床下サポート、あるいは段差のある土間床の段差部などに使用する合板型枠やバタ角、桟木などの残材を取り外し困難ゆえに土中に残したままにすると、いつかは白アリの拠点（営巣）になりうるということは知っておいてほしい。

見分け方

　シロアリという言葉からアリの仲間と誤解されやすいが、アリとシロアリとは分類上異なっている。筆者の経験から一番わかりやすい見分け方は短足で胴がズン胴だということだ（表1）。シロアリは表2にあるように2通りある。特にイエシロアリは木材にとって大敵で、その食い荒らし方も直接見た者でないとわからないと思うが、「尋常ではない」の一言だ。

処置方法

　表1の上段の格好をした羽アリを見つけたらどこか近辺に営巣があることが疑われる。営巣には何万匹というシロアリ軍団がいるので早期に専門業者に依頼して営巣を見つけ駆除することに尽きる。

表1　シロアリとアリの区別

	シロアリ	アリ
翅	細長く、4枚とも同じ大きさ	後の翅が前の翅よりも小さい
胴	ずん胴	腰がくびれている
足	短い	長い
被害	木材を主食とする。紙・衣類・本・断熱材・プラスチック等も食い荒らす。	雑食性だが、住宅構造物を食い荒らして被害をもたらすことはない。

(武田薬品工業株式会社カタログ『住まいの木部保護ハンドブック』等を参考に作成)

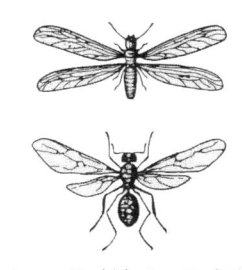

シロアリ（上）とアリ（下）
(建設省住宅局建築指導課・監修『木造建築物等防腐・防蟻・防虫処理技術指針・同解説』より)

表2　イエシロアリとヤマトシロアリの区別

	イエシロアリ	ヤマトシロアリ
生息域	主に西・南日本（山陰を除く）の海岸近くに多発	北海道の一部を除く全国
交尾・飛翔期間	6～7月夜間	4～5月昼間
有翅虫	体は黄褐色	体は黒褐色
兵蟻	頭部を刺激すると白い液を出す。手に載せると食いつく。	頭部を刺激しても白い液を出さない。手に載せても容易には食いつかない。
被害	住宅にとって大敵。一年で柱一本くらい食べてしまう。	

(武田薬品工業株式会社カタログ『住まいの木部保護ハンドブック』等を参考に作成)

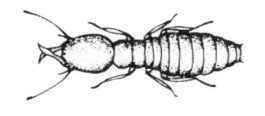

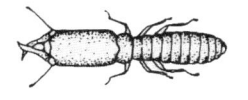

イエシロアリ（上）とヤマトシロアリ（下）
(建設省住宅局建築指導課・監修『木造建築物等防腐・防蟻・防虫処理技術指針・同解説』より)

080　埋戻しは（増打ち）地中梁天端まで

　土間コンクリートはその下の地盤によって支持されているわけだから、支持している地盤が沈下すると土間コンの剛性によって荷重を支持しなければいけないのであるが、厚み150〜200mm、配筋D10＠200程度で長スパンを支持するのは常識的に無理がある。この結果スラブ各所に曲げひび割れが生じたり、時にはコンクリート塊が抜けたりすることもある。

　杭基礎形式では基礎、地中梁とその周辺のみ溝堀して（図1）、コンクリート打設後埋戻す場合、例えば1m以上もある埋戻しを一度に埋戻し、転圧、締固めることは力学上効果が薄いので、通常何層（JASS3土工事では30cm程度が良いとしている）かに分けてランマーにて転圧する（図3）。その際、図2のように地中梁に各層の埋戻し層の管理高さをマーキングしておいて作業を進める「見える化」は良い工夫と思われるので試みてほしい。こまめに埋戻し転圧をやらないと梁際の埋め戻したところが沈下し、梁周辺に沿って土間コンスラブに曲げひび割れが生じることがある。

　さて、図5（点線）のように地中梁天端が土間コン下端レベルよりも下に位置する納まりはよく見受けられるが、地中梁の天端上に増筋をして土間コンと連続させる納まりの場合は、土間コン下端のレベルまで地中梁を増打ち（断熱材を敷き込む場合は断熱材の天端と地中〔増し〕梁の天端が揃うように地中梁を増打ち）しておくと埋戻し高さの目標となり、かつ転圧の際傾斜を付けたりする作業自体がなくなる上、土間コンを打つまで埋戻し用の敷き砂利がコンクリート梁の上に転がり落ちることもなくなるので、後の作業が整然としかも易しくなることを知っておいてほしい。

図1 地中梁とその周辺のみ掘削する根切工事

図2 地中梁に1回あたりの埋戻し高さをマーキング

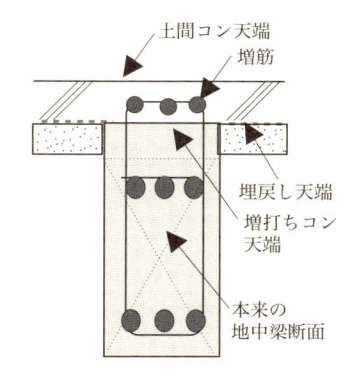

図3 地中梁周辺の埋戻し部をランマーにてこまめに転圧する効果は大きい

図4 地中梁に囲まれたエリアの埋戻し転圧（断熱材敷き込み前）状況

図5 埋戻しの天端と地中梁の天端が揃うように地中梁の増打高さを決める

081　既製杭が入場したらよく観察しよう

　建設工事は杭工事からスタートする。PC杭材が入場し、現場に荷卸しされるといよいよ工事が始まるという緊張感が出てくる。

　012「現場での検収を怠らない」で述べたように、ここで杭材が予定通り入場したので「良し」で終わるのでなく、早速入場した杭の外観や形状について施工要領書に書かれた内容（基準）と現物とを対比して確認する「杭の受入れ検査」をやってもらいたい。
というのは、ごく稀な事例ではあるが、杭材にひび割れが見つかったり、肉厚が不足していたり、骨材が露出して見える（右写真）などの不具合が見つかったりするというような「良しとはならない事例」が杭にもあるからだ。

　PHC杭は遠心力による締固めで成形を行なっている。成形が終了し、型枠ごと蒸気養生槽に入れ、養生が完了するまではコンクリートは硬化しない。従って、硬化するまでの段階で何らかの衝撃なり不具合があると、杭表面のセメントペーストが剥がれ落ちたり、杭内面のモルタル層が剥がれたりすることが現実にあるようだ。

　成形機械の不具合により肉厚に偏りが出ることもあるという。出荷時にメーカーは検査をしているとはいうものの、人間である限りやはり見落としもありうる。

　そういうわけで、杭が入場した時には杭の種別、杭径や厚み等寸法の現地確認も大切だが、ひび割れの有無の確認や、その他コンクリートの不具合に関するきずや欠けなどの外観検査も怠ってはいけないので、杭の中まで覗き込んで「必ず現物を眺めてみる」ことを知っておいてほしい。想定外のことは常にどこにでも起こりうるのである。

既製杭の表面に生じた不具合事例

> **NOTE**
> 1. 受入検査項目の例
>   外観：きず、ひび割れ、欠け、反り
>   形状・寸法：長さ、外径、厚さ、継手部の外径
> 2. メーカーから試験成績書を取り寄せ保管する例
>   外観、形状検査記録
>   曲げひび割れ試験　など
>
> 外観、曲げひび割れ試験、曲げ破壊試験、継手部の曲げ試験については、JISA5373 プレキャストプレストレストコンクリート製品規格がある。

082　電流計指示値からわかること

　「埋込み杭先端が支持層に到達したことを確認すること」は大変重要な管理行為である。埋込み杭は打込み杭のように支持層に入ったことを貫入抵抗の測定から直接確認できないので、以下の要点を確認してほしい。

① 1本ごとに杭先端根入れ深さと土質柱状図とを対比して支持層に入ったことを確認する。

② 電流計指示値の変化の記録を見て試験杭の記録と対比し、支持層に到達したことを確認する。

　なお、支持層が傾斜しているときは杭伏図に各杭の杭先端深さを予め記載しておいて都度確認の上（非常に重要）、①を実施する。

　ところで、電流計指示値の振れの程度の大きいところは支持層と考えるのは早計である。確かに礫層に入ると抵抗が大きくなり振れ幅は大きく鋭い波形を示すので支持層と思いがちであるが、実はこの波形の振れ具合は必ずしも「地盤の強さを直接明示」しているわけではなく、「地盤の硬軟の相対的な変化」がわかるだけということを知っておいてほしい。その理由は以下による。

　掘削機の掘削中の回転速度は一定としているので、回転速度を一定に保つため、掘削機が受ける地盤からの抵抗の変化を掘削機のトルクの強弱で受け止めて調整をしている。このトルクの強弱を電流値に変換して、その電流値の大きさと振れ具合で「地層の変化」はわかる。なお、抵抗が変化するのは地盤の硬軟以外にも土中の水の有無、杭径、機械の新旧によっても変化すると言われている。

　以上のことを考慮して柱状図と電流値の計測記録とを対比してみると非常によくわかる（右図）。

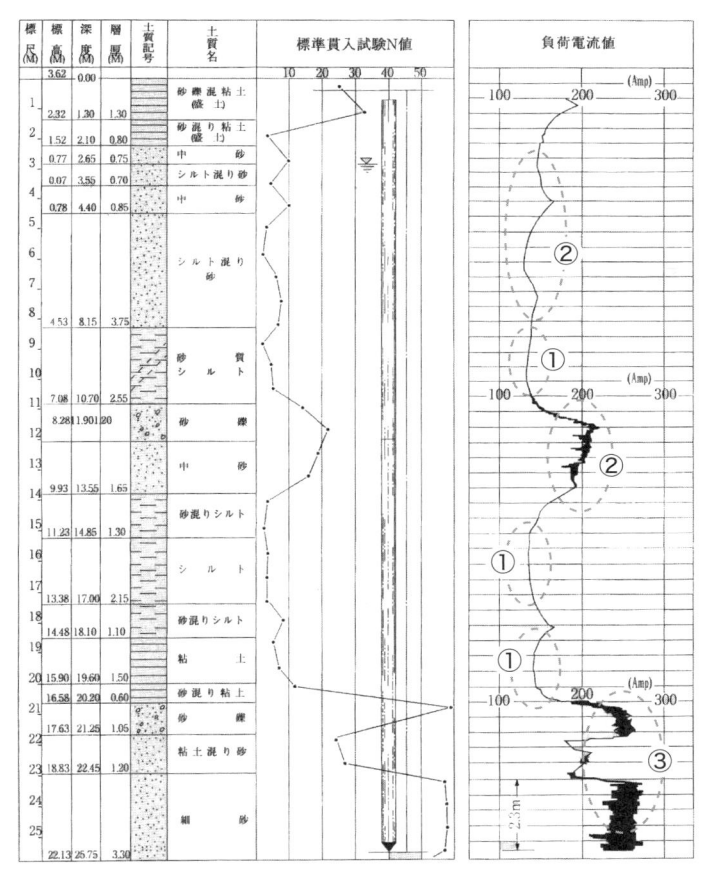

自動計測記録の例
(国土交通省監修『建築工事監理指針平成 22 年版』上巻、p.220)

電流計指示値が
①粘性土→緩やかな振れ
②砂層→硬さに応じた細かな振れ
③礫層または締まった砂層→振れ幅は大きく鋭い山形の波形

083　既製杭：高止まりがあれば低止まりもある

　既製杭の施工法は大別すると打込み工法と埋込み工法とに分けられる。このうち打込み工法は、騒音・振動と油煙の問題から、市街地・住宅地にはほとんど採用されておらず、埋込み工法が主流となっている。埋込み杭工法はさらにプレボーリング工法、中掘り工法及び回転圧入工法に分けられる。どれを採用するかは土質、地中障害、被圧水の存在や杭の長さなどの条件によって決められる。

　既製杭の施工時のトラブルの一つとして見受けられるのが「高止まり」であるが、逆に「低止まり」という現象もある。

　杭の「高止まり」とは、文字通り杭位置が正規のレベルより高い位置で止まってしまい、それ以上挿入できなくなってしまうこと（図1）。起きやすいケースは中間層に水を多く含んだ細砂の層や砂礫層が存在する場合である。孔壁崩壊が起こりやすく、多くの砂や礫が掘削孔に落ち込んで底に堆積するため、所定の深さまで杭を埋め込むことができなくなる。対策としては、掘削液の粘性を増やす、オーガーの掘削速度を落とす（時間をかける）とともに、上下反復作業の回数を増やす（図2）などがある。試験杭で高止まりなく施工できた反復回数と速度（時間）を守る。

　杭の「低止まり」はオーガーを引き上げる際に空隙部に吸引現象が生じて起こる。中掘り工法で被圧水のある砂層の場合、オーガーを引抜く際に杭孔内が負圧になってボイリング現象を起こし、先端地盤が崩壊して杭孔内に吸引された結果、杭が下がりすぎて低止まりすることがある（図3）。これを防ぐには、オーガー引抜き時に急に引き上げず、注水により被圧水とのバランスをとり、またオーガーを逆回転させて土砂を杭内に残すようにする。

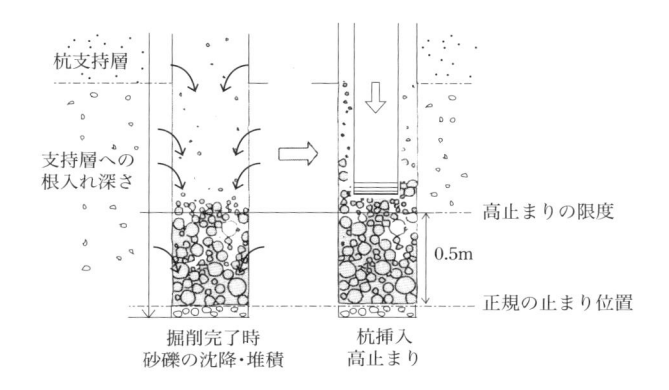

図1　高止まりの模式図

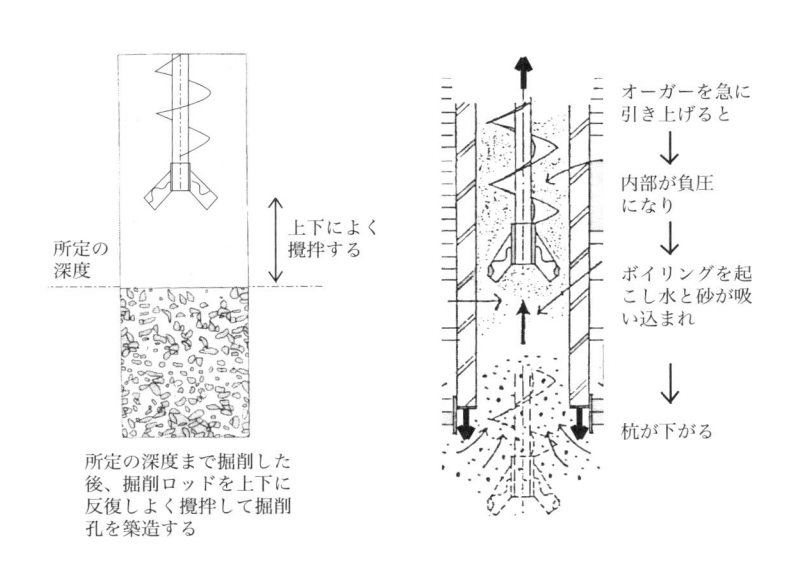

図2　高止まり防止対策の例

図3　低止まりの模式図

6　土工事・杭工事

084　スライム処理の重要性

　場所打ちコンクリート杭は低騒音、低振動で、長尺かつ大口径の杭ができることから、高層建物への施工実績が多い。施工法はアースドリル、リバースサーキュレーション、オールケーシングがある。それぞれの施工法の詳細は割愛するが、ここでは杭先端支持力確保に関する重要な管理点としての「スライム処理」について知っておいてほしい。

　一般に杭の支持力は先端支持力と周辺摩擦力の和によって成り立っている。場所打ち杭の先端支持力確保のための重点管理項目は杭先端支持層の土質確認と支持層への根入れ長さの確認及びスライム処理である。このうち先端支持層の土質確認はバケットで地上に排出される土を直接目視し、柱状図の記事と対比することで確認できる。支持層への根入れ長さは検尺することで確認できる。

スライム処理：さて本題のスライム処理は杭底の掘削屑（スライム）を取り除くための重要な作業である。これを怠ると掘削屑の上に杭が載ってしまうことになり、先端支持力の確保ができない恐れが出てくる。通常、スライム処理は2段階に分けて行う。

・1次スライム処理：掘削完了後掘削深度を検尺し、その後スライムの沈殿待ち(20～30分程度)を行いながら沈殿厚さが増加していないことを確認した後、底浚いバケットにて沈殿物を除去する。
・2次スライム処理：コンクリート打設直前に行う。トレミー管に水中ポンプを接続し、掘削底内のベントナイト安定液及び沈殿物を排出させる。その後検尺にて確認する。水中ポンプ方式の他にエアリフト、サクションポンプ方式もある。

　以上のプロセスを図1、2で理解してもらいたい。

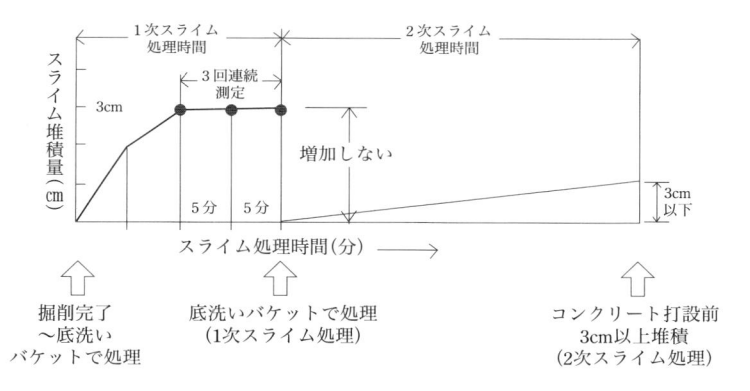

図1 スライム処理のプロセスの例①

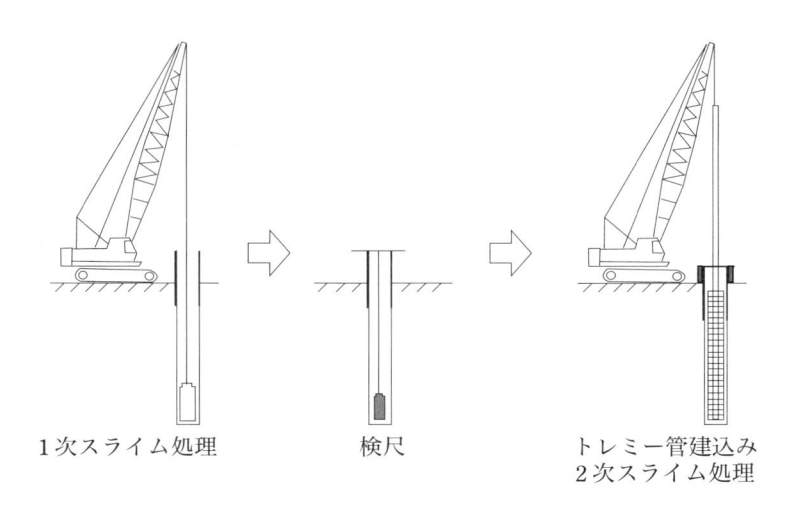

図2 スライム処理のプロセスの例②

6 土工事・杭工事

085　杭頭で気をつけること

杭頭コンクリート

　杭頭のコンクリートが強度不足にならないよう注意が必要である。
①鉄筋籠を構成している主筋の量が多い場合、コンクリートが鉄筋籠内から外へ流れにくくなり、鉄筋籠の外側ではコンクリートと安定液やスライムとが混ざり合って強度不足のコンクリートができる恐れがある。従って、主筋の間隔を広げるために鉄筋径を太くしたり、鉄筋の強度をアップして本数を減らす、あるいは径方向に束ね主筋とする（図1）などの対策を講じる。
②スタンドパイプを引き抜いた後の空隙部分にコンクリートが回りこみ余盛部分の劣化したコンクリートが杭本体部分まで下がってしまい、杭頭部のコンクリートが強度不足になることがある。スタンドパイプへの土の付着を減らすスイングジャッキの使用が有効である。

杭頭斫り

　さて、杭頭の余盛コンクリートを撤去する仕事も一苦労である。近隣に住宅地や病院など静寂な環境を必要とする施設があると、できるだけ低騒音、低振動、しかも粉塵が飛散しないように速やかに斫り工事を進めなければならない。

　杭頭の余盛コンクリートをできるだけ速やかに除去する工法はこれまでにいくつか見受けられる（図2）。要点は杭を損傷することなく、しかも低騒音、低振動、かつ粉塵が飛散しないよう、いかに早く鉄筋籠外側のコンクリートを削ぎ取り、内部コンクリートを塊として現場の外に搬出できるかである。

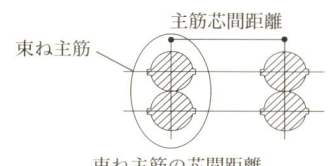

主筋芯間距離は200mm以上とする。
フープ筋も150以上が望ましい

図1　杭の主筋間隔の過密対策の一つとして主筋を径方向に束ね配筋とした事例

鉄筋籠の内部のコンクリートを塊として搬出させるためのシート及び先端には鉄筋養生カバー取り付け

コンクリート打設後余盛りコンクリートの外周部斫り作業。籠の内側はコンクリートの塊としてクレーンで吊り上げ場外搬出

図2　杭頭余盛コンクリート除去の合理化事例

6　土工事・杭工事　187

第 6 章　参考文献

・日本建築学会『建築基礎設計のための地盤調査計画指針』1995 年
・大阪建設業協会『若手技術者のための知っておきたい設備工事』
　2010 年
・武田薬品工業『住まいの木部保護ハンドブック』(カタログ No.48)
・国土交通省監修『建築工事監理指針平成 22 年版』

7

PCa 工事・PC 工事

PCa（プレキャストコンクリート）工事や PC（プレストレストコンクリート）工事は若手技術者にはまだまだ慣れていない分野であると思われる。PC（プレストレストコンクリート）は PS 工事とも呼ばれることもあるが、筆者には PS のほうが馴染みが深い。まずは入門的な知識を身につけていただくために、ここでは、筆者の経験から「これだけは知っておいてほしい」と思われる内容に留めた。担当になったらこの章を先ず読んでもらっていただければと思っている。

086　プレキャストコンクリート（PCa）いろいろ

　PCa（プレキャストコンクリート）と言えば、外壁PCaカーテンウォールはよく知られているが、今やPCa柱・梁・外壁の他にバルコニー床板・一般床板の他、最近では耐震壁の分野など構造躯体としてもあらゆるところにPCaを採用することができる。特に工程、コスト、品質管理において繰返しのメリットが生きる（超）高層集合住宅（図1）や大型倉庫等の大型建築物に多く採用されている。

　製造別に分類すれば、フルPCaや型枠を兼ねたハーフ（薄肉）PCaがある。フルPCaにするのか、スラブトップコンやパネルゾーン等のコンクリートを現場打ちしてPCa部材相互を一体化するハーフPCaにするのかによって、施工手順、納まり、揚重機の選定、工程などが変わる。

　次項 **087** の「工場調査で見るべきところ」は将来工場に出向く機会があれば活用してほしい「知っておいてほしい基礎知識」を紹介する。

　PCaカーテンウォールについては、今回の主題である躯体工事とは異なる仕上げの範疇であるが、使用実績はかなり多く、若手技術者も間もなく関わりが出てくると思われるので、特に知っておいてほしいことを **088** 及び **089** で取り上げた。

　デザイン上で分類すると、壁などのパネル方式、柱・梁型方式、腰壁（スパンドレル）方式、マリオン（方立）方式がある。

　層間変位追従タイプで分類すると「スライド（スウェイ）方式」と「ロッキング方式」がある（図2）。ファスナー部に動きが求められる可動部と動いてはいけない固定部に分かれるので、施工図を良く見てどこが可動、どこが固定になるのかを間違えないこと。

図1 超高層集合住宅の施工例

柱現場打コンクリートを梁下まで打設後、ハーフ PC 梁を架け、その上にハーフ PC 床板を載せて床配筋を行い、コンクリートを打設し、パネルゾーン、及び梁と床を一体化する。

スライド(スウェイ)方式

上部あるいは下部のどちらかをスライドさせる事で層間変位に追従させる方式

固定点　　ローラー支持点
　　　　　（両方向）

ロッキング方式

パネルを回転させる事で層間変位に追従させる方式

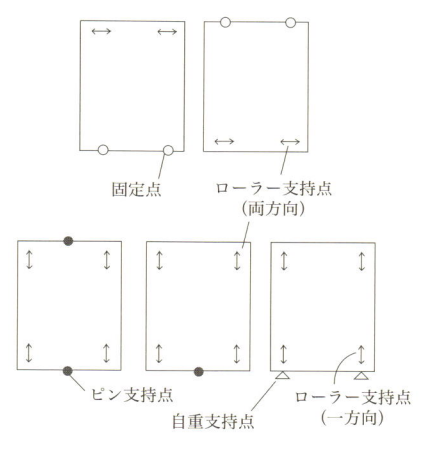

ピン支持点　　　　　　ローラー支持点
　　　　　自重支持点　　（一方向）

図2 スライド(スウェイ)方式とロッキング方式
(日本建築学会『建築工事標準仕様書・同解説 JASS14 カーテンウオール工事』p.52 を参考に作成)

7 PCa 工事・PC 工事

087　PC工場調査で見るべきこと

　工場調査の基本は「製作要領書に記載されていることが実際にそのとおり行われているのかどうかを自分の目で確認すること」である。これはどの工場調査にも共通することである。確認する項目は多々あるが、筆者なりに現地で見てほしいポイントを以下のとおり列記してみた。

コンクリート打設前に見るべきところ
・型枠が寸法どおりかどうか、誤差がある場合その誤差は予め決められた許容差（表1）以内か（測定して確認）
・鉄筋鋼種が仕様どおりか（ミルシート及び現物目視確認）
・鉄筋径、ピッチ、かぶり厚さ（測定して確認）、スペーサーの配置
・埋込み金物（板吊上げ用アンカーや足場継ぎインサートの種別と寸法は安全上重要）の位置・寸法、補強筋の配置（測定及び目視確認）

出来上がった板の見るべきところ
・板の縦横、対角、反り等の寸法誤差が許容差（表2）以内か（測定して確認）
・板に欠け、割れ等コンクリートの不具合は無いか（目視確認）
・バルコニー床面の仕上がりの状況（目視確認、必要に応じ水を流して床面のどこかに滞留しないかを見る－図2）
・石・タイル打込みの場合　ノロ洩れや変色はないか、色違いのタイルを混合して打込む場合（**089** 参照）。

資料関係：蒸気養生の温度勾配や最高温度（**089** 参照）、鉄筋・コンクリートはJIS規格品または相当品を使用しているか（ミルシートで確認）、コンクリート強度管理（テストピースの本数や採取のしかた、7日・28日強度記録の確認）等がある。

表1 型枠の寸法許容差に関する自主規格の例

測定箇所		許容差（mm）
型枠	辺　　　　　長	±1
	埋込み用金物の位置	3
	板　　　　　厚	±1
	曲　が　り	1
	対　角　線　長　差	3
	ね　じ　れ	2
	反　　　　　り	2
	面　の　凹　凸	1

（日本建築学会『建築工事標準仕様書・同解説 JASS14 カーテンウォール工事』p.226）

一般に型枠精度は製品寸法精度のほぼ 1/2 またはそれ以下となっている。

表2 コンクリートカーテンウォール製品の寸法許容差

項目	許容差	項目	許容差
辺長	±3	ねじれ・反り	5
対角線長の差	5	曲がり	3
板厚	±2	面の凹凸	3
開口部内のり寸法	±2	先付け金物の位置	5

（日本建築学会『建築工事標準仕様書・同解説 JASS14 カーテンウォール工事』p.215）

図1 コンクリート打設前製品の寸法許容検査

図2 バルコニーの排水勾配を確認すべく水を流している状況

7 PCa工事・PC工事

088　PCa カーテンウォール取付けの要点

　PCa カーテンウオールの取付けにあたっての基本事項として次の 4 項目を知っておいてほしい。

①板が将来地震や火災、風害などによって脱落しないこと
・地震時の層間変形に追従できること。PC 板は構造体とファスナーで繋がる。地震時変形に追従できる方法として横長タイプであればスウェイ、縦長タイプならロッキング方式が採用される。腰壁垂れ壁に取り付けられるスパンドレルタイプは地震時には梁とともに変位し、歪による変形は受けにくいので通常固定方式となる。
・ファスナーはボルトや溶接にて躯体と緊結されるが、最近では溶接固定に代わって高力ボルト締付けの事例が多い。緊結固定すべきところと、すべり材を入れて可動すべきところを間違えないことが大切である。

②ファスナーを耐火被覆すること
　ロックウール吹付、または非常時点検が比較的容易な耐火被覆の巻付

③通りが良いこと
・見栄え上縦目地の通りが良いこと（目地の通りの許容誤差、及び板の目地部での相互の目違も許容誤差がある）。
・高層集合住宅で多く採用されているマリオンタイプの通し柱は柱間で倒れ（垂直度）がなく縦の通りが良いこと。

④板間のシールや板とサッシの間のシールから漏水させないこと
・排水機構の確認
・ワーキングジョイントシールの目地幅は最低 10mm、目地深さは幅に応じた許容範囲を守ること。
・ガスケットに捩れや隙間がないこと。

089　タイル打込みPCa板の留意事項

　ここでは筆者の経験から板を見るときに知っておいてほしい要点を2つだけ挙げる。

①異なる色のタイルの偏り

　タイル色の明度や彩度が異なるタイルを1枚の板に混合して打ち込む場合「むらなく分散している」こと。色の同じタイルが偏ってしまうと見栄えに影響することがある。

②タイルの剥離や剥落

　製作段階から要注意である。まず板のコンクリート打ち直前の状況を観察する時には、鉄筋と打込みタイルの裏側との間にあきが確保されているか確認。あきが少ないとコンクリートの廻りが悪くなり骨材が詰まってタイルの裏側で充填不良が出ることがある。これはタイル剥離の要因となる。PC板の養生温度（下図のようなグラフで記録する）もタイルの接着強度発現に影響する。板の養生温度勾配が何らかの理由により急上昇するとか最高養生温度が60度よりオーバーしたりすると、タイルの接着力発現に必要な湿潤養生が不十分なまま乾燥が進行してしまい、タイルの接着力低下に繋がる。出荷前の製品検査では打音試験を行なって出荷するが、タイルと下地コンクリートが密着していると、接着力が小さくても打音だけではなかなか判別しにくいのでそのまま出荷される可能性がある。従って、養生温度記録も確認したい。

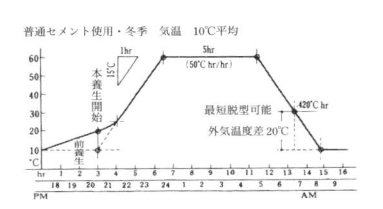

養生温度経過標準図の例
（日本建築学会『建築工事標準仕様書・同解説 JASS14 カーテンウォール工事』p.234）

090 プレストレストコンクリート（PC）とは

　PC※構造とは、PC鋼材を使って引張応力が生じる側のコンクリートを緊張し、圧縮力を与えることにより、荷重を受けたときに引張応力を制御する（発生させない・許容引張応力度を超えない・ひび割れ幅を制御する＝PRC）構造体である（図1）。コンクリート硬化後に緊張を与えるポストテンション方式と、コンクリート打設前に与えるプレテンション方式がある。ここでは現場で緊張するポストテンション方式を解説する。

※プレストレストコンクリートをPCと呼ぶ時はプレキャストコンクリートをPCaと称する。ちなみにRCは鉄筋コンクリート構造のこと。

工法
・我が国で使用されているPC工法はフレシネ、VSL、CCL、SM工法を始め多くの工法がある。通常は特記仕様書に明記してある。
・グラウトの有無で分類すると「アンボンド工法」と「ボンド工法」がある。アンボンド工法とはグリース及びポリエチレンシースで被覆されたPCより線をコンクリートに直接埋込みグラウト注入を不要とした工法である。

緊張：構造物全体に均一な緊張力が加わるよう設計図書に緊張の順序が定められているのでそれを守る。アンボンド工法について緊張に至るまでの施工手順を図2に示す。

材料：PC鋼材はPC鋼棒、PC鋼線、PCより線の3種類があるが、径・強度それぞれで細かく分類されている。留意点はJIS規格品であること、錆や傷がないこと。このうちPCより線は引張強度が他の鋼材より大きく、鋼材の使用量が少なくて済み、施工性も良く、多く使用されている。

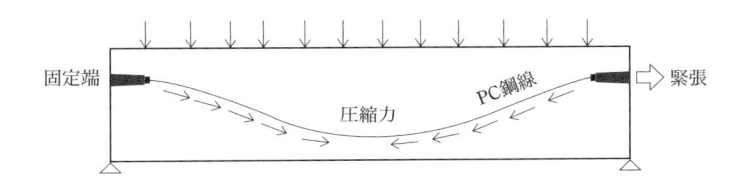

図1 プレストレス構造のイメージ

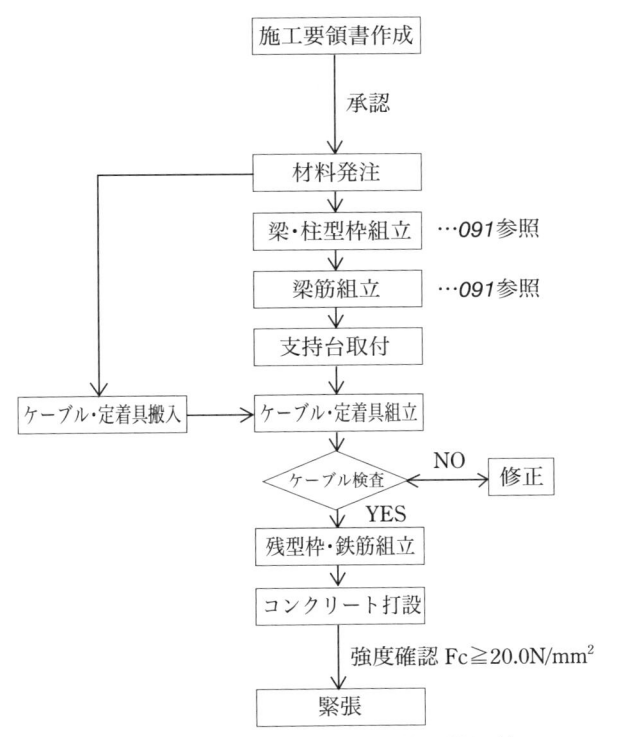

図2 緊張までのアンボンド工法の施工手順の例

091 プレストレス工事に着手するまでにやるべきこと

　プレストレス工事があると仮設足場や型枠及び鉄筋工事に関連することが多く出てくるので、プレストレス業者から施工図、要領書を早期に取り寄せ、関連工事との調整を図ることを知っておいてほしい。

仮設足場組立（図1）

①作業に支障がないよう躯体から足場をいくら離すかを決める。
・PC鋼線の余長（最大350〜500mm程度）がパネルから突出する。
・建地の位置がジャッキと交錯しない。
②作業床の高さはFL-250〜600mm程度とする。
③作業床の幅はポンプが置ける幅とする。

型枠工事

・ケーブルや定着具付近には桟木やバタ角、セパレータが来ないよう位置の調整をしておく。
・PC鋼線が型枠を貫通する位置での型枠は取り外し可能なバラ板のパネルとする。

鉄筋工事

・シースやスパイラル筋、及び定着具の位置と柱・梁筋、柱頭での柱筋のフック、梁筋のアンカーなどが隣り合うところはあきやかぶり厚さに関して納まりを事前に検討しておく（図2）。
・梁内のケーブル支持台セット前には梁筋の位置の手直しをしておく。
・ケーブルと隣り合う柱・梁主筋、フープ・スタラップ筋、腹筋、幅止め筋は配線の位置決めに支障のないよう簡単にずらせるようにしておく。

コンクリート工事

・緊張前には必ず躯体コンクリート強度（通常20N/mm²以上）の確認。テストピースは緊張1回あたり3本×回数分を採取する。

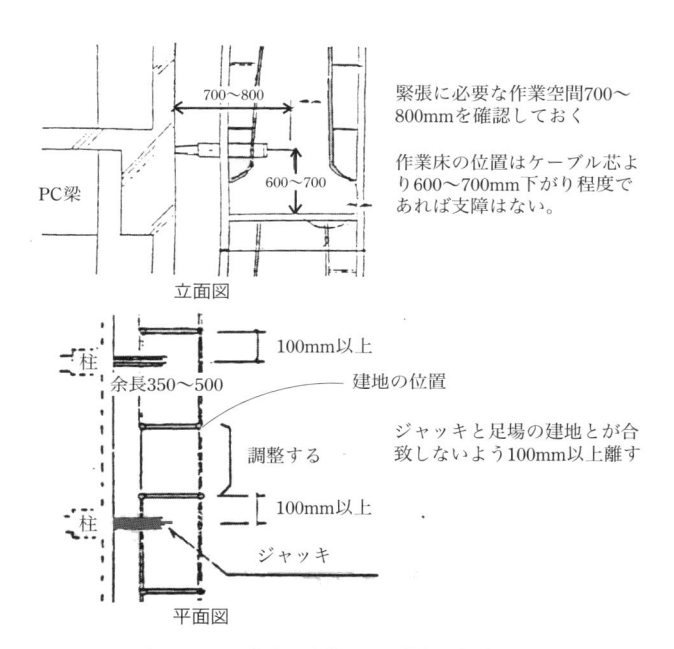

緊張に必要な作業空間700〜800mmを確認しておく

作業床の位置はケーブル芯より600〜700mm下がり程度であれば支障はない。

立面図

ジャッキと足場の建地とが合致しないよう100mm以上離す

平面図

図1 プレストレス作業に支障のない外部足場計画とする

ケーブルの余長が躯体より350〜500程度突き出る。配線後に余長の切り揃えを行う場合は躯体より300程度残る。

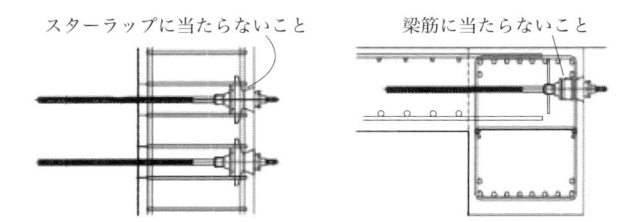

図2 梁主筋やスタラップ、腹筋及び幅止め筋がケーブルや定着具と干渉しないよう高さ、位置を考慮する。当たりそうなところは予めずらせるようにしておき、後で結束するのも可

7 PCa工事・PC工事　199

092　配線工事の要点とグラウト注入

配線工事の要点

　要点は「設計図どおり配線ができているかどうか」である。

- 垂直方向については通常反曲点の位置で高さを検査する。管理点は梁内にあってはケーブル支持台、スラブにあってはスペーサーの位置と高さである。所定の支持台やスペーサーを予め墨出ししてある位置にきちんとセットすること（図1）。また移動しないよう鉄筋に結束しておく。位置の測定時に許容誤差内にあるかを確認する。
- 水平方向については追い出し点、及びピッチを検査する（図1）。同様に許容誤差内かどうかを確認する。
- 鋼材のかぶり厚さも確認する。
- アンボンドポリエチレンシースは厚み1mm程度の薄い材料なので、工事中鉄筋で傷つけたり圧接の火花で損傷していないか確認する。
- 設備スリーブとの取り合い（図2）であき寸法を確認する。

グラウト注入（ボンド工法）

　PC鋼材とコンクリートを一体化するとともにPC鋼材が入っているシースを「完全充填」し鋼材を腐食から守る目的で行なう。

- プレストレス終了後すみやかに行う。
- グラウト材にはブリーディング率や流下時間他、所定の圧縮強度、水セメント比などの管理基準がある。試験結果と対比し、基準内であることを確認する。
- シース内に空洞があってはならない。事前に通気して詰まりがないか排出側のホースで確認する。計画どおり注入されたかグラウト施工記録で実際の注入量のチェックを必ず確認しておく（図3）。

図1 アンボンドケーブルの緊張端の状況配線図に従い配線位置、固定具の位置の墨出しを行った上で取り付け作業を行う

ケーブル用スペーサーは配線図に従い寸法Hを決めてあるので、正しい位置にセットする

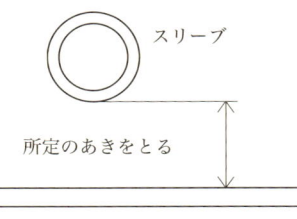

スリーブ

所定のあきをとる

PC鋼線

図2 ケーブルと設備スリーブや配管とが干渉しないよう所定のあきをとる

グラウト施工記録

通り・階	ケーブルNO	グラウト量					グラウトデータNO
		シース長(m)	シース断面積(mm2)	空隙率(%)	設計数量(??)	注入量(??)	
A	1	10.599	2827.4	65.7	21.81	22.8	A001
B	2	11.237	2827.4	65.7	22.99	23.6	A002
C	3	10.599	2827.4	65.7	21.81	23	A003
D	4	11.237	2827.4	65.7	22.99	23.6	A004

図3 グラウト施工記録の例

設計数量と実際の注入量に顕著な差がないか確認する。

093 緊張管理の進め方①

　PCケーブルに所定の緊張力を緊張端に加えた時、「荷重と伸びの関係が直線関係になっているかどうか」を管理表やグラフで確認する。
・緊張端部での緊張力と鋼材の伸び量をあらかじめ計算し、緊張荷重と伸びの関係を記入した緊張管理表が作成されている。
・緊張材に与える引張り力は荷重計の示度、伸び量は緊張材の伸び（抜け出し量）で管理する。

緊張管理の進め方
・ジャッキの最終緊張力は定着具内のケーブル通過ロスを1～3％程度加味してある。
・鋼材の緩みや支圧板とジャッキとの間の隙間などの影響をなくすため、先行荷重をかけ、そこを基準点0（測定用の原点）とする。現地ではシリンダーや鋼材の余長にマークしてある。
・設計にて与えられている所定の緊張力に達するまで、段階的に緊張力をかけ（図2の300・500・700・900）、その時の伸びを記録し、計算値と都度比較する。
・予め計算しておいた伸び量（設計伸び量）と、実際の伸び量とを比較し、最終緊張でケーブルの伸び量が計算値の0～＋5％の範囲なら図1に示した斜線内にあり、定着を行い緊張を完了する。＋5％を超えていれば伸びすぎの原因を調べ再緊張する。マイナス側になれば同図の $0.9P_y$ までの範囲で加圧し、斜線内に入るようにする。
・最終伸び量はグラフの上で伸びの補正値を原点補正して求められる。
・最終緊張力と最終伸びの両方が計算値を下回らないよう引き止めるのが管理のポイントである。

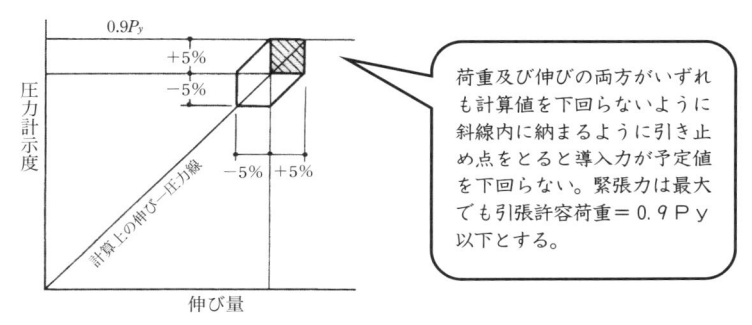

図1 緊張管理・引止め線の決定方法 第1の方法
(日本建築学会『プレストレストコンクリート設計施工基準・同解説 1987 年版』p.71)

吹き出し:
荷重及び伸びの両方がいずれも計算値を下回らないように斜線内に納まるように引き止め点をとると導入力が予定値を下回らない。緊張力は最大でも引張許容荷重＝0.9Ｐy 以下とする。

グラフ軸ラベル: 圧力計示度／伸び量／計算上の伸び―圧力線／0.9P_y／+5%／−5%

施工部位 ①通 X_1通 $2G_1$ No.1			
緊張力			伸び量
荷重示度			実測値
KN	t	圧力 (MPa)	mm
300	30.6	11.8	0 (原点)
500	50.9	19.3	12
700	71.4	26.7	24
900	91.8	34.3	36
1282	130.47	48.8	60
原点の補正値			18mm
0〜最終緊張までの伸び			78mm
伸びの管理範囲（±5%）			74 ≦ 78 ≦ 82
セット量			6mm
ケーブル戻り−ジャッキ内伸び＝セット量 7−5＝4 mm			

（緊張条件）
・設計上の緊張力P＝1243t
・ジャッキ緊張力P_j＝1282t（ケーブルロス率3%）
・最大緊張力P_{max}＝0.9zP_y＝1402t
・計算上の伸び＝78mm

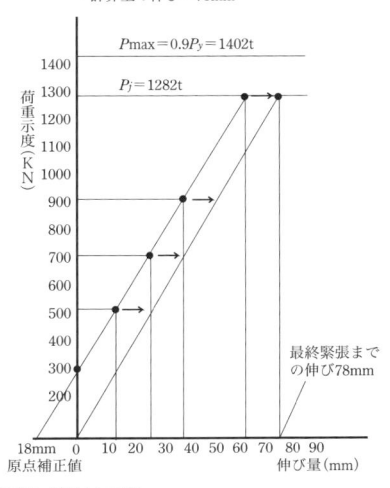

グラフ: 荷重示度（KN）vs 伸び量(mm)
P_{max}＝0.9P_y＝1402t
P_j＝1282t
最終緊張までの伸び78mm
原点補正値18mm

図2 管理表とグラフの例

7 PCa工事・PC工事

094　緊張管理の進め方②

　もう一つの進め方として専門工事業者がよく使っている方法があるので概要を紹介する。
・進め方①と同様荷重と伸びの関係が直線関係にあること
・最終緊張時直前の荷重と伸びの関係が計算にて予め設定した摩擦係数の範囲の中に入っていることを確認しながら最終荷重まで緊張して引き止める（下図）。
・測定された伸び量が設計上の導入力から得られた伸び量と対比して管理限界値内に納まっていれば緊張作業が適切に行われたことを示す。

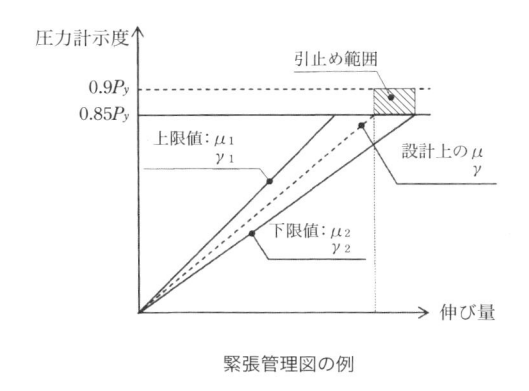

緊張管理図の例

第7章　参考文献
・日本建築学会『建築工事標準仕様書同解説 JASS14 カーテンウォール工事』
・日本建築学会『プレストレストコンクリート設計施工基準・同解説』1987年版

8

耐震補強工事

2011年3月11日に発生した東日本大震災は、大地震の恐ろしさを改めて知らしめた。筆者は1995年1月17日未明の阪神・淡路大震災で建物の倒壊のありさまを目の当たりにした。同年12月25日には「建築物の耐震改修の促進に関する法律」が施行され、耐震診断・耐震改修が今も国内で進行中であるが、まだまだ充分とは言えない。東北・関東では余震が引き続き頻発し、東海・東南海・南海大地震の「三連動地震」の危険性も指摘されるなか、耐震改修の促進はまさに急務である。この章では耐震補強工事にまつわる悩みを少し紹介したあと、耐震診断・補強の概要を紹介し、適用される耐震補強工事の中でも最も基本的な、かつ必ずと言ってよいほど各所で施工されている「あと施工アンカー」を中心とした壁増設工事の基本について知っておいてほしいことを取り上げた。

095　図面どおりにいくとは限らない

　耐震診断で「耐震性能が低く補強が必要」と判断されると、目標とする耐震性能を得るためにどの部位をどのように補強するかを建物の持ち主、管理者、入居者と打ち合わせ、調整を行いながら設計図書ができ上がる。

　補強の詳細は特記仕様書、及び柱・梁・壁の補強詳細図を見ればわかるようにはできているが、この他に「改修工事標準仕様書」があって、それを見れば手順や解説が詳しく述べられている。ただ、耐震改修工事が必要な建物の中には1981（昭和56）年に施行された新耐震設計規準より何十年も前にできた建物もたくさんあり、その中には構造図、構造計算書や施工図等当時の詳細な記録が残っていない建物がある。残っていない場合は寸法実測調査と作図、各所コンクリート強度試験が必要である。

　また、たとえ図面類があったとしても次のような問題がある。
・現存するはずの壁がなかったり、実際の位置が当時の設計図と異なることがある。
・「居ながら改修」の場合、図面には記載されていない設備活線が実際には通っていて、補強工事の際ドリルで破損してしまうことがある。
・仕上げ材を撤去してみると耐震性能に影響しそうなコンクリートや鉄筋に関する不具合が見つかることがあり、その補修の判断の是非を要することがある。

　このように、与えられた図面どおりにいつもうまくいくとは限らないので、現状が図面と相違している時は、原則として監理者に報告をして、どのように処置をするのか協議し指示を受けることが肝要だということを知っておいてほしい。

8 耐震補強工事　207

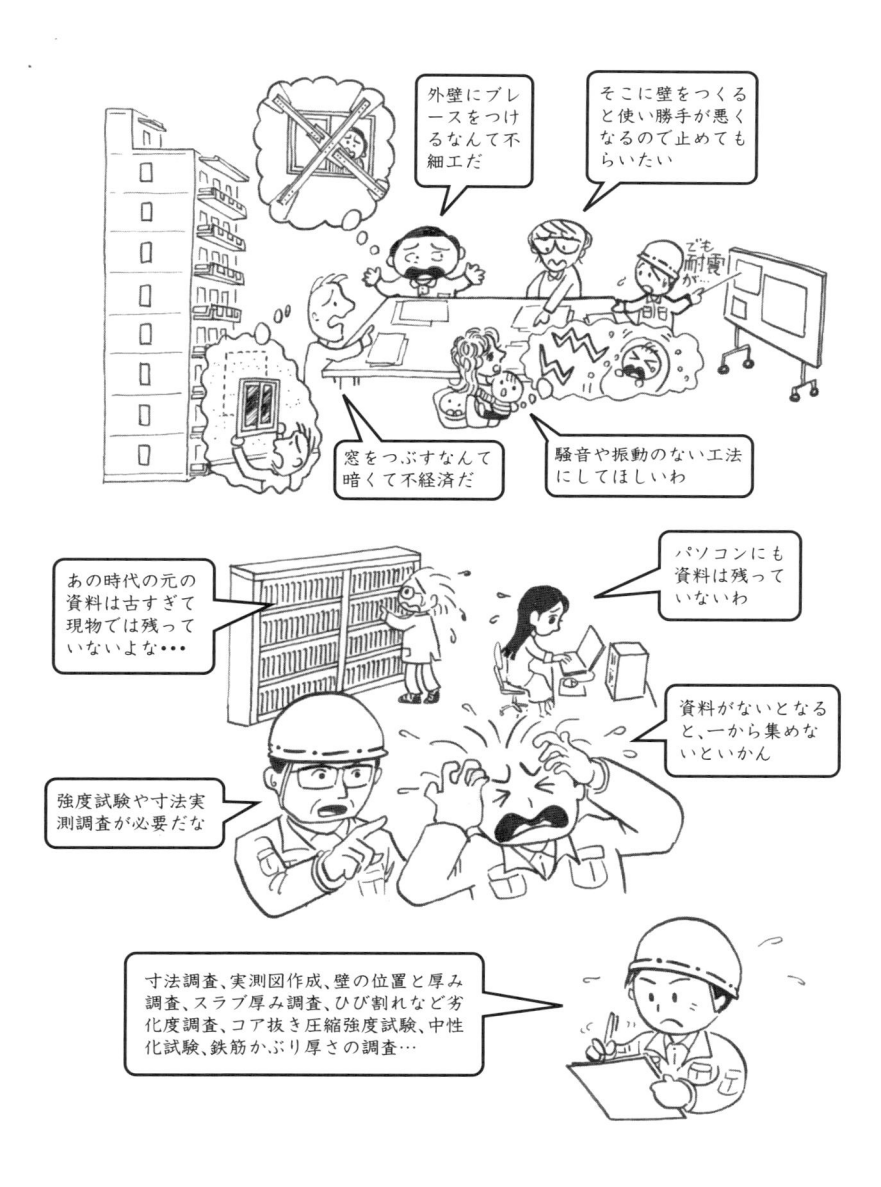

096 耐震診断・耐震補強とは？

耐震診断とは

耐震診断とは、建物の構造体が保有する強度と靱性に関する耐震性能を構造耐震指標 Is、保有水平耐力に関わる耐震指標 q により表し、現行の建築基準法で設計された建物と同等の耐震性能を有しているかどうかを判定することである。

耐震補強の必要ある建物とは

下記の①、②のケースに該当すれば耐震補強の必要があるとされる。
① $Is < 0.3$ または $q < 0.5$ 　　倒壊または倒壊する危険性が高い
② ①、③以外 　　倒壊または倒壊する危険性がある
③ $Is \geqq 0.6$ かつ $q \geqq 1.0$ 　　倒壊または倒壊する危険性が低い

補強方法

図1のように強度を向上させるのか、靱性を向上させるのか、両方か、あるいは補強というよりは地震外力を低減させて居住性の向上を図るのかの方針を定め、建物の立地条件、構造的特性、用途、現在の使われ方などの状況により補強工法を選定する。

現地で確認すること

・外観目視：コンクリートのひび割れ、タイルの浮き、鉄筋・鉄骨の錆び等の劣化状況
・図面との照合：スパン、階高、柱壁の位置、開口部寸法、スラブ厚
・コンクリートの圧縮強度：シュミットハンマー、コア強度
・鉄筋かぶり厚さ、中性化の程度：コア抜きまたは斫り出しの上フェノールフタレイン塗布
・鉄骨造の場合：接合部、継手部の調査、柱脚部の調査

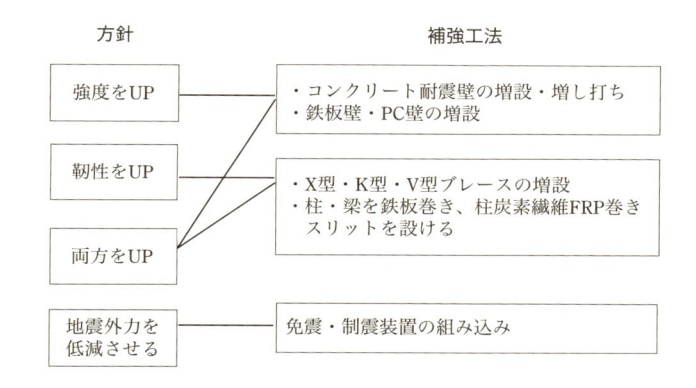

```
方針                        補強工法

┌──────────┐      ┌────────────────────────────┐
│ 強度をUP  │──────│・コンクリート耐震壁の増設・増し打ち│
└──────────┘      │・鉄板壁・PC壁の増設          │
                  └────────────────────────────┘
┌──────────┐      ┌────────────────────────────┐
│ 靭性をUP  │──────│・X型・K型・V型ブレースの増設  │
└──────────┘      │・柱・梁を鉄板巻き、柱炭素繊維FRP巻き│
┌──────────┐      │ スリットを設ける              │
│ 両方をUP  │──────└────────────────────────────┘
└──────────┘

┌──────────┐      ┌────────────────────────────┐
│地震外力を │──────│免震・制震装置の組み込み       │
│低減させる │      └────────────────────────────┘
└──────────┘
```

図1　建築物の耐震工法の分類

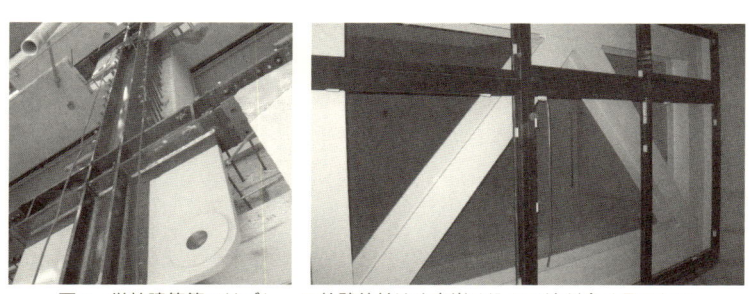

図2　壁増設工法　　　　　　　　図3　柱炭素繊維巻工法

図4　学校建築等ではブレース外壁外付けや窓嵌め込み工法が多く見られる

097 あと施工アンカーの各ステップでの要点

　RC壁や梁増設工事の手順は新旧接合面の目荒らし（図3）→あと施工アンカー→配筋→型枠→コンクリート→グラウト工事の順に進められる。あと施工アンカー工事の手順の概略を図1に示したが、ここでは各ステップでの管理の要点を知っておいてほしい。

ステップ1：既存の鉄筋や活線位置の探査を行いマーキングした後、既存鉄筋や活線位置を避け、所定のピッチになるよう削孔位置を決めマーキング　「居ながら改修」の場合、活線の有無を確認する。有ならば位置を探査・マーキングしておくこと。あと施工アンカーの位置決めにあたっては、あき、かぶり厚さ確保に配慮する（図4）。

ステップ2：ドリルで削孔・ブロアやバキュームで内部の粉塵を除去
　削孔深さは鉄筋径により決まるので、決められた深さを確認する。予めドリルにマーキングしておくとわかりやすい。なお、設計では有効埋込み深さを記入しているが、この深さで穿孔すると必要な埋込み深さより浅くなるので、埋込み深さ（孔深さ）を確認する（図2）。

ステップ3：樹脂注入、アンカー筋埋込み　樹脂はカートリッジ式のものと、カプセル式のものがあるが、カプセル式のものが多い。鉄筋を挿入し、ドリル回転でカプセルを割る場合、カプセルを割りやすいようにアンカー筋は片面、あるいは両面カットのもの（図2）を使用する。

ステップ4：養生　期間中は振動や衝撃を与えない。この後、あと施工アンカーの非破壊検査を実施する（**098**）。施工にあたっては㈳日本建築あと施工アンカー協会（JCAA）認定の「あと施工アンカーの資格を有する技能者」が行う。技能士の資格として第1種、特2種（D19以下）、第2種（D13以下）がある。

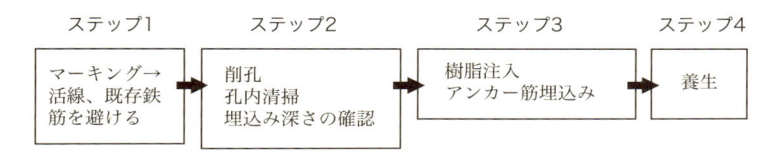

ステップ1　マーキング→活線、既存鉄筋を避ける　→　ステップ2　削孔　孔内清掃　埋込み深さの確認　→　ステップ3　樹脂注入　アンカー筋埋込み　→　ステップ4　養生

図1　あと施工アンカーの手順

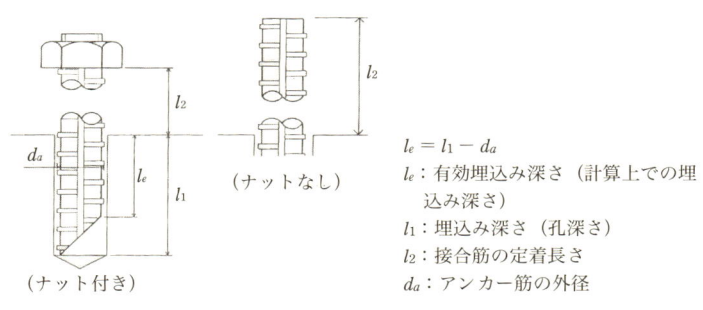

$l_e = l_1 - d_a$

l_e：有効埋込み深さ（計算上での埋込み深さ）
l_1：埋込み深さ（孔深さ）
l_2：接合筋の定着長さ
d_a：アンカー筋の外径

（ナット付き）　（ナットなし）

図2　接着系アンカーの埋め込み深さの定義
(国土交通省監修『建築改修工事監理指針平成19年度版』下巻、p.442)

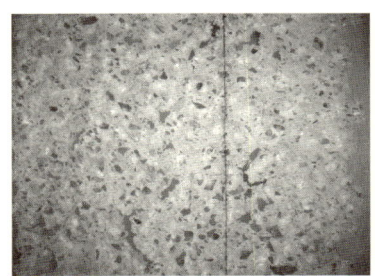

図3　既存躯体との接着を良くするために既存躯体に目荒らしを設ける。目荒らしの深さ、ピッチについての規定あり。

図4　梁の増設のために既存柱に打設されたあと施工アンカー。墨出し後探査にて既存鉄筋と干渉しないことを確認してからあと施工アンカーを打つ

8　耐震補強工事

098　あと施工アンカーの現場非破壊試験

あと施工アンカーの固着状態を確認する試験として非破壊試験を行う。

本数　本数は特記による。特記がない場合、各径ごとについて1日に施工されたものを1ロットとしてその中から3本とすることを監理者と協議する。

器械　センターホールジャッキと油圧ポンプを用いる（図2）。

試験荷重の選定　確認試験荷重は設計者と協議して決めることになるが、

- 鋼材の降伏　T_{a1}（N）
- コンクリートのコーン破壊　T_{a2}
- 鉄筋と接着剤との付着破壊　T_{a3}

の3通りの引張り荷重を算定し、最も小さい荷重を「設計用引張り荷重」として採用し、「その2/3を確認荷重」とする。

右の計算式からわかるように、コンクリート強度、鉄筋の種別（鋼種・径）、埋込み深さが異なるとその都度計算が必要となる。

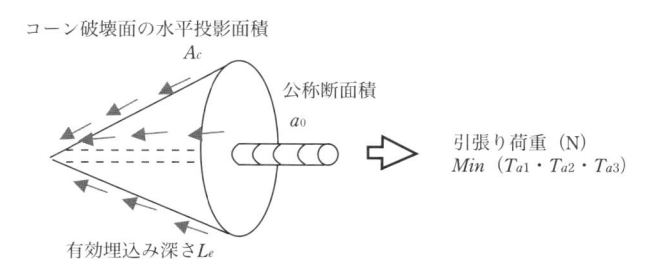

図1　引抜きの模式図

図2 あと施工アンカー非破壊試験

> **NOTE** アンカー筋の引張り荷重 T_a の計算
> $T_{a1} = \sigma_y \times a_0$
> $T_{a2} = 7.36 \times \sqrt{\sigma_B} \times A_C$
> $T_{a3} = \tau_a \times \pi \times d_a \times L_e$
> $T_a = \min(T_{a1}・T_{a2}・T_{a3})$
>
> T_a：アンカー1本あたりの引張り荷重（N）
> T_{a1}：鉄筋の降伏により決まる場合のアンカー1本あたりの引張荷重（N）
> T_{a2}：既存コンクリートのコーン破壊により決まる場合のアンカー1本あたりの引張荷重
> T_{a3}：接着系アンカーの付着力により決まる場合のアンカー1本あたりの引張荷重（N）
> σ_y：鉄筋の降伏点（N/mm^2）
> a_0：アンカー筋の公称断面積（mm^2）
> σ_B：既存コンクリートの圧縮強度（N/mm^2）
> A_C：コーン破壊面の有効水平投影面積（mm^2）
> τ_a：接着アンカーの引き抜きに対する付着強度（N/mm^2）
> d_a：アンカー筋の呼び名（mm）
> L_e：アンカー筋の有効埋込み深さ（mm）

099　型枠・コンクリート工事の要点

型枠工事の要点

　型枠工事は柱や梁、壁の増設・増打ち時に必要となる。新築工事と基本的に異なる点は、柱や梁、床など主要構造部は既に現存しているところだ。従って、どうやってコンクリートを打つかの基本方針によって型枠の組み方が少し異なってくる。

①既存の梁下やスラブ下などにコンクリートを流し込む空間を設けて、そこからコンクリートを打設する（図1）。梁下に200mm程度の空間を設けてコンクリートを打ち込む例が多い（図1右）。

②型枠下部に圧入孔を設けて（図3、4）そこからコンクリートを押し上げる(圧入する)。圧入時の局部的な圧力を考慮してサポートや型枠材を補強しておく必要がある。

　既存柱や梁と型枠との取り合いで隙間ができやすいので、発泡ウレタンやウエスなどでノロ漏れを防いでおく。

コンクリート工事の要点

　調合は新築工事と特に変わりはないが、低スランプで打設するのは困難である。事前に既存コンクリート面への水湿しを行う。

①じょうごから落とし込む方法ではホース筒先を型枠内奥深くに入れてコンクリートを打ち込むとか、棒状バイブレータを自在に使うとかができないので、コンクリートが分離しやすくなる。そこで、型枠バイブレータや木槌を使ってコンクリートの流動性を促進させる。

②圧入方法では低位置からの落としこみ後は押し上げになるのでコンクリートの充填性は良好である。型枠上部でホースを移動する作業がなくなるので安全作業ができる。

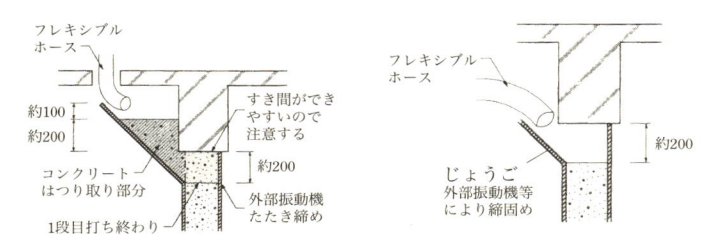

図1　コンクリート流し込み工法の例
(国土交通省監修『建築改修工事監理指針平成19年度版』下巻、p.472)
(左)スラブに適度な間隔に孔を空けてコンクリート2段階に分けて打ち込む例。(右)既存梁下にコンクリート流し込み口を設け、そこからグラウト用空間を200mm設けてコンクリートを打ち込む例

図2　充填度が目視点検できる程度の高さにじょうごを90度近くまで傾けた事例

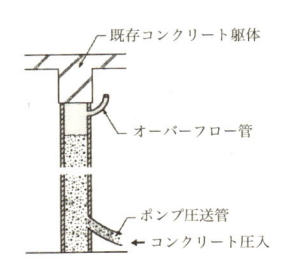

図3　コンクリートの圧入例(国土交通省監修『建築改修工事監理指針平成19年度版』下巻、p.472)

図4　型枠に取り付けたコンクリート圧入口の例

100 グラウト工事の要点

　グラウト工事は既存構造体である柱及び梁と増設壁との取り合い部での一体性を図る目的で、図1のように既存梁下と増設壁との隙間を通常200mm程度設け、そこに流動性の良い無収縮モルタルを充填する工事である。

使用材料の要点
・グラウト材は通常流動性の良い、ブリーディングのない無収縮モルタル（既製品）を使用する。
・コンシステンシーはJ14で8±2秒程度
・練り上がり温度は10〜35℃
・圧縮強度は材令28日での所要圧縮強度が出ていること
　いずれも試験を行い確認し、記録に残す。

施工の要点
　注入はモルタルポンプを使用する（図3）。知っておいてほしいことは以下のとおり。
・生コンクリートよりもはるかに流動性が高いので、型枠の周囲を発泡ウレタンなどで既存柱や梁、及型枠パネル接合部などをしっかりシールしておく（図2）。
・グラウト注入作業は空気抜き（図2の丸印）から空気の巻き込みのないグラウト材料が出てきたのを確認するまで続ける。
・先行打設したコンクリート天端にはレイタンスが付着しているので状況に応じてレイタンスの除去を行う。レイタンス除去材を使用することができるが、手作業が可能なら壁型枠取り外し後ブラシで除去することもできる。

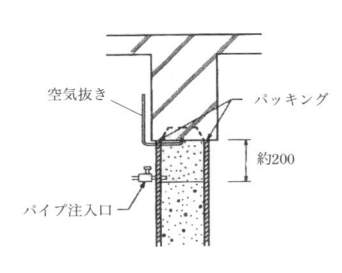

図1 グラウト材注入工法の例

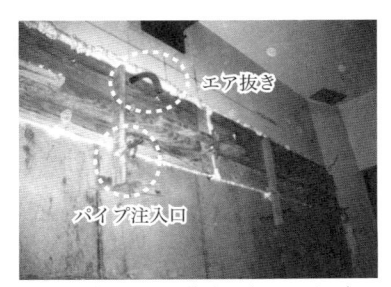

図2 型枠周辺は発泡ウレタンでパッキングする

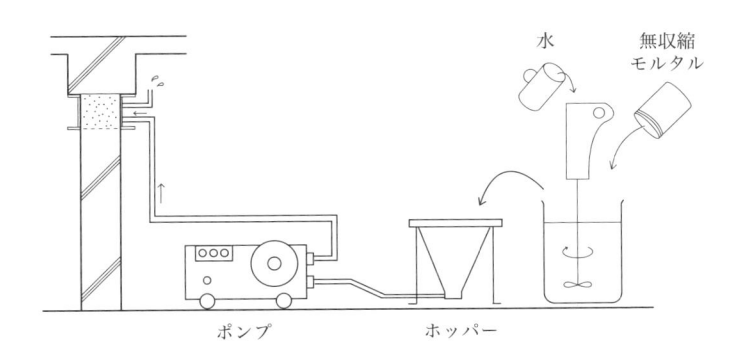

図3 グラウト機械配置の例

第8章 参考文献

・国土交通省監修『建築改修工事監理指針平成19年度版』

中川 徹（なかがわ とおる）

1946年三重県生まれ。1971年3月名古屋大学工学研究科修士課程修了。同年4月清水建設入社。1992年大阪支店建築技術部長、2005年大阪支店品質長、2011年7月清水建設退社。共著に『建築を志す人びとへ』(学芸出版社、1997年)、『建物の結露トラブル事例と解決策』(学芸出版社、2003年)。

在任中の主な社外活動
1992年　京都工芸繊維大学非常勤講師
2000年　日本建築協会評議委員
　　　　同　建材委員会委員
　　　　同　教育委員会委員
　　　　同　出版委員会委員
2002年　日本建築業協会技術専門委員会委員長
2006年　大阪建設業協会建築委員会副委員長

現場直伝！
躯体工事の100ポイント

2012年6月1日　　第1版第1刷発行
2018年8月30日　　第1版第2刷発行

企　画　㈳日本建築協会
　　　　大阪市中央区大手前1-7-31-7F・B
　　　　〒540-6591
著　者　中川　徹
発行者　前田裕資
発行所　株式会社　学芸出版社
　　　　京都市下京区木津屋橋通西洞院東入
　　　　〒600-8216　　TEL 075-343-0811

印刷：イチダ写真製版
製本：新生製本
装丁：古都デザイン
Ⓒ Nakagawa Toru 2012
Printed in Japan　ISBN 978-4-7615-2531-6

[JCOPY]〈㈳出版者著作権管理機構委託出版物〉
本書の無断複写（電子化を含む）は著作権法上での例外を除き禁じられています。複写される場合は、そのつど事前に、㈳出版者著作権管理機構（電話03-3513-6969、FAX 03-3513-6979、e-mail: info@jcopy.or.jp）の許諾を得てください。
また本書を代行業者等の第三者に依頼してスキャンやデジタル化することは、たとえ個人や家庭内での利用でも著作権法違反です。

写真マンガでわかる建築現場管理 100 ポイント
玉水新吾 著・阪野真樹子 マンガ　　　　　　　　　四六判・224 頁・定価 1995 円（本体 1900 円）

整理整頓の励行、手抜きのできない現場の実現によって、職人のマナー向上やコストダウン、クオリティの高い仕事をめざそう。本書は、実際の建築現場に見られる管理の悪い例を写真マンガで指摘。その現場の問題点と改善のポイントを解説し、管理のゆき届いた良い例もビジュアルで明示した。現場管理者必携のチェックブック。

建築主が納得する住まいづくり　　Ｑ＆Ａでわかる技術的ポイント
玉水新吾 著　　　　　　　　　　　　　　　　　　四六判・224 頁・定価 1995 円（本体 1900 円）

建築主が大満足する家づくりとは。住宅メーカーのベテラン技術者が、現場で経験したクレームやトラブルの事例より、家を建てるときに、建築主に説明して念押ししたほうがよいポイントや、着工までに納得してもらうべき事項をあげ、その対応や配慮を工程にそって解説した。現場マン必読!! 顧客満足度アップ、クレームゼロの方法。

現場で学ぶ　住まいの雨仕舞い
玉水新吾 著　　　　　　　　　　　　　　　　　　四六判・224 頁・定価 2100 円（本体 2000 円）

建築主の信頼を最も失うトラブルは、雨漏りである。漏らなくて当り前にかかわらず、実際は大変多い欠陥の一つとなっているように、雨仕舞いはなかなか難しい。本書は、ベテラン技術者が木造住宅の豊富なトラブル事例をもとに、雨漏れのしにくいデザイン、危険部位における雨の浸入対策等、雨漏りしない家づくりのノウハウを公開。

建築トラブルにみる常識非常識
荒川治徳 著　　　　　　　　　　　　　　　　　　四六判・240 頁・定価 2310 円（本体 2200 円）

建築トラブルになりそうなことには常に誤解がつきまとっている。そこから引き起こされる一般人の過敏反応（＝非常識）に対して、建築の状況・実情（＝常識）を知ってもらう努力をすることが、専門家には求められるのである。一般製造業に比べてローテクな部分も多い建築技術の現実を、ゼネコン出身の筆者がやさしく解説する。

プロが教える住宅の植栽
藤山 宏 著　　　　　　　　　　　　　　B5 判・176（カラー 32）頁・定価 2940 円（本体 2800 円）

住居への緑のニーズは高まり、住む人のライフスタイルに応じた多様な植栽が求められている。建築主が納得する植栽を提案するには？　本書は、植物の基礎知識及び住空間の各部位ごとの植栽計画を掘り下げ、観葉植物、壁面・屋上の植栽も含め、樹種選定からメンテナンスまで、樹木・草花を使いこなす技術を具体的に解説した。

住宅エクステリアの 100 ポイント　計画・設計・施工・メンテナンス
藤山 宏 著　　　　　　　　　　　　　　　　　　Ａ5 判・232 頁・定価 2625 円（本体 2500 円）

住宅の外部空間にこだわりを持つ建築主が増えたこと、景観への意識が高まったことなどにより、エクステリアの需要は拡大している。しかし、他業種出身の技術者が集まった現場は、誤解や理解不足による不具合が多いのも現実である。本書は、求められる広範な知識を建築・土木・造園を軸に体系的に整理し、解説した初めての書。

建築・まちづくりの情報発信
ホームページもご覧ください

学芸出版社 ― Gakugei Shuppansha

✎ WEB GAKUGEI
<u>www.gakugei-pub.jp/</u>

- 📄 図書目録
- 📄 セミナー情報
- 📄 著者インタビュー
- 📄 電子書籍
- 📄 おすすめの1冊
- 📄 メルマガ申込(新刊&イベント案内)
- 📄 Twitter
- 📄 編集者ブログ
- 📄 連載記事など